图文修订版

美丽与哀愁

窦漪房

李古寅　李凤花／主编

广东旅游出版社
GUANGDONG TRAVEL & TOURISM PRESS
悦读书·悦旅行·悦享人生

中国·广州

图书在版编目（CIP）数据

美丽与哀愁：窦漪房 / 李古寅，李凤花主编. — 广州：
广东旅游出版社，2015.10（2025.1重印）
ISBN 978-7-5570-0210-7

Ⅰ.①美… Ⅱ.①李… ②李… Ⅲ.①传记文学－中国－
当代 Ⅳ.①I25

中国版本图书馆CIP数据核字（2015）第237711号

美丽与哀愁：窦漪房
MEI LI YU AI CHOU : DOU YI FANG

出 版 人　刘志松
责任编辑　李　丽
责任技编　冼志良
责任校对　李瑞苑

广东旅游出版社出版发行

地　　址　广东省广州市荔湾区沙面北街71号首、二层
邮　　编　510130
电　　话　020-87347732（总编室）　020-87348887（销售热线）
投稿邮箱　2026542779@qq.com
印　　刷　三河市腾飞印务有限公司
　　　　　　（地址：三河市黄土庄镇小石庄村）
开　　本　710毫米×1000毫米 1/16
印　　张　14
字　　数　210千
版　　次　2015年10月第1版
印　　次　2025年1月第2次印刷
定　　价　59.80元

本书若有倒装、缺页影响阅读，请与承印厂联系调换，联系电话 0316-3153358

序 言

　　西汉是中国历史上的重要朝代，文景武帝时期是我国古代第一个封建社会盛世（治世）。孝文皇帝的皇后窦氏经历三朝，对这一时期的社会稳定和发展起到了非常关键的作用。但因当时保留下来的材料不多，使这个重要历史人物形成了诸多至今未解的谜团。

　　窦太后出身寒微，而能少年入宫，旋即进入汉朝的政治中心，此一谜也；由长乐宫又进入代王宫，并能独受代王（文帝）的宠幸，此二谜也；由代王宫又再次进入汉宫，并顺利立为皇后，此三谜也；窦氏正当事业达到巅峰，但天妒福满，双目失明，而皇后地位未移，此四谜也；窦氏身为女流，有坚定的信仰，终生崇奉黄老，矢志不渝，此五谜也；无为治国，思想活跃，经济发展，但藩王坐大，终酿"七国之乱"，此六谜也；窦氏理论上信奉黄老，行动上实际是黄老儒法杂用，目盲仍不放弃权柄，此七谜也；窦氏干政，以不伤害刘氏为底线，此八谜也；窦氏热衷政治，一生在腥风血雨中搏击，还能博得贤妻良母美名，此九谜也；窦氏中年失明，数十年在黑暗中煎熬，泰然处之，养生有方，而能活到古稀之年，此十谜也。我们以此十谜为线索，从政治智慧、爱情亲情、长寿养生三大方面进行追寻探讨，力求有所收获，奉献给广大读者。

是书以历史资料为依据，但又同史书的传记有别，对事件的叙述和人物描写，不是简单的材料堆积，而是作了一定的艺术加工，它既有学术性，也有可读性，并努力做到两者的完美统一。

本书参考了大量的历史文献，也参考了时贤新作，并力求登高望远，用历史哲学的眼光表达出新意。

我们编者同仁，虽然尽了最大的努力，但因学识浅薄，见闻孤陋，难免类例失范，斧琢欠工，不足地方肯定不少，祈盼读者朋友们批评指正。

李古寅
2014 年 3 月 26 日于郑州

目　录

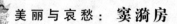

是夜，代王刘恒即垂幸了窦姬，窦姬身体修长而纤细，皮肤光滑而清纯，代王看着眼前的佳丽，异常兴奋，热血沸腾，他深吻着窦姬，像一个长久失去了土地的农夫，突然间发现了一块肥沃的、未开垦的处女地一样……窦姬在惊恐和羞涩中，体味了初为人妇的滋味。

窦姬来到代国已经几年了，现在的窦姬已是三个孩子的母亲，她不仅习惯了代王宫的生活节奏，更是取得了代王宫上上下下所有人的信任与尊敬。长时间以来，窦姬一直在打理王宫的内务，所以，王宫里的人都从心里认为窦姬是最合适的王后人选。于是在王太后薄氏的提议下，窦姬顺利地成为了代王宫的女主人——王后。

在颠簸的马车上，窦姬思绪万千。她想到了初次入宫时的伤心与无助，想到了去代王宫车上绝望的哭泣，想到了代王宫几年的幸福美满生活。这些年来，无论她身处何地，命运之神总是对她不离不弃，常在不知不觉中轻牵她的衣角，把她引向幸福、高贵的顶峰。

册后典礼隆重而不铺张。窦姬身着礼服，仪态端庄，气质高雅而脱俗，众人为之惊叹不已，把尊敬、仰慕、赞叹的眼神投向了窦姬。礼官宣读完册后诏书，由薄太后亲自把"玺绶"交于窦姬手上，之后，众臣叩拜，齐呼"千岁，千岁，千千岁！"就这样，在文景盛世，窦姬这位来自民间的贫寒女子，用自己梦幻般的奇特经历，演绎了古代"灰姑娘"神话，成为大汉王朝的第三任皇后。

天妒福满 /066

这位从丑小鸭蜕变为白天鹅的窦皇后，可谓一顺百顺，占尽了天下的好事，既享尽了天下的荣华富贵，又集"三千宠爱于一身"。但有道是"日中则昃，月盈必亏，天有孤虚，地阙东南。未有常全而不缺者"。就在窦姬心满意足、福星高照之际，一场眼疾灾难却悄悄缠上了她。及至双目失明，窦姬一下子便掉进了黑暗的深渊。

079 四、坚守信仰

崇奉黄老 /079

从民生凋敝、百废待兴的汉初，到府库盈满的文景盛世，黄老清静无为的治国策略，适应了汉初社会稳定发展的需要及刘氏王朝初期统治的需要。这些成果的取得，与窦姬独爱黄老，强烈要求刘氏诸子独尊黄老是分不开的。作为"文景之治"的亲历者和重要参与者，笃信黄老的窦姬，对汉初经济的恢复和发展，对刘氏王朝政权的巩固，起到了积极的作用。

儒道嬗替 /087

事物的发展是不以任何个人的意志为转移的，儒学之所以在武帝初年能名正言顺地与黄老思想同时出现在西汉的政治舞台上，是由于儒家的学说适应了武帝时期的社会需求，适应了武帝加强中央集权制的要求。它不可能因为窦姬的不喜欢而销声匿迹，而退出当时的政治舞台。窦姬的干预只是延长了儒道嬗替的过程，推迟了儒学独尊的实现。汉代和汉以后，百家思想实际上已互相渗透，所谓独尊只是名义上而已。

092 五、太后参政

初涉朝政 /092

窦姬以太后的身份不仅控制了汉王朝的意识形态领域，而且逐渐插手了诸多政事。她多次向景帝推荐其侄窦婴为丞相，还强迫景帝违背高祖定下的"刑白马盟誓"，封王皇后的哥哥王信为侯，而且对于景帝立太子之事横加干涉，她多次动议让小儿子刘武做储君。窦氏摄政初露端倪。

晁错冤案 /099

无计可施的汉景帝，在众臣一片喊"杀"声中，终于痛苦地下定了最后的决心。中尉陈嘉奉旨前去拘捕晁错。这时的晁错仍蒙在鼓里，完全不知道自己已经大难临头了，还以为皇上召他商量事情，十分认真地把朝服穿戴整齐，才随陈嘉而去。当车经过长安东市时，惨遭腰斩。一代忠臣，就这样做了西汉王朝的政治牺牲品。汉景帝难辞其咎。

平定"七国之乱" /109

果不出周亚夫所料，吴国趁东南混乱，派精兵企图从西北方向攻破下邑城。结果，汉军在下邑城的西北把吴军打得大败。没过几天，仅存的吴军又饿死了大半，活着的士兵仍在叛逃。吴王刘濞知道大势已去，长叹道："想我刘濞也是英雄一世，想不到却栽在了这几个小子手中，天不助我啊！"不久，吴楚叛军降汉。

立储争斗 /122

众大臣极力反对传位梁王，思来想去，推荐了敢言直谏的袁盎去劝谏太后。刘彻终于在长公主、王美人的策划下，在景帝与窦姬反反复复的冲突中，登上了太子之位。不久袁盎等几位大臣因为参与了议嗣，而被梁王暗杀于长安，成了皇储之争的政治牺牲品。立储争斗腥风血雨，历代如此。

景后废立 /137

小薄后最终被栗姬从宝座上拉了下来，王美人不知暗地里笑了多少回。王美人与栗姬的最大不同就是，王美人能把自己的野心隐藏于笑靥中，而且藏得滴水不漏。有了刘彻之后，她不仅对景帝更加殷勤，而且在宫中广结人缘，低调处世，友善待人，潜行于通往皇后宝座的路上。景帝七年（前150年）四月十七日，王美人终于如愿登上了皇后宝座，从此中国历史上又多了一个干政的太后。

"苍鹰"被折 /145

废太子刘荣流着伤心、怨恨、绝望的泪水，给自己的父皇写了封谢罪书，自杀于中尉署中。窦姬听说刘荣的死讯，伤心之余，迁怒于郅都，咬牙切齿地说："又是这个郅都！"窦姬听说景帝瞒着自己让郅都到雁门郡做了太守，大怒。窦姬逼景帝召回郅都，竟以莫须有的罪名杀害了他，为自己的孙儿报了仇。法家和它的信徒们，皆是治国有道，执法严苛，但防身无术，善终者鲜，岂不悲哉！

袁盎被刺 /151

梁王听说坏了自己春秋大梦的是袁盎这帮大臣，就对他们恨之入骨，于是就派刺客到京都行刺袁盎等人。刺客来到京城，听说袁盎是忠直之人，找到袁盎对他说："我受梁王雇用前来杀您，但我知道您是讲情义的好人，我的刀不杀好人。我虽不杀您，但别人仍会来杀您，请您好自为之。"躲过初一，躲不过十五，袁盎最终还是被刘武派的人杀害了。

161 六、扼杀建元革新

二元政治 /161

窦姬知道，她的这个孙子与自己儿子在性格上有着天壤之别，儿子做皇帝时，处处依着自己。儿子的去世，使她感到异常的失落和孤独，感到了权力已离她而去。她不甘心，也不放心这个十六岁的毛孩子能掌好大汉朝的舵。她知道，孙儿生性不羁，她恪守着祖宗的规矩，对待孙子就像放风筝的人对待风筝一样，给他空间，让他在空中飞翔、翻滚，但另一端的线，一定要牢牢地抓在自己的手中。

巧逼帝师 /171

思来想去窦姬决定让卫绾远离皇上，远离朝廷。窦姬在祖孙俩轻描淡写的谈话间，以加封卫绾五千户回乡养老为名，巧逼武帝罢免卫绾的丞相职务。卫绾的去职，给建元革新蒙上了挥之不去的阴影。

挟制武帝 /179

赵绾和王臧商量，除了舍弃自己的生命，他们再也没有任何办法替皇上解围了。于是，两位忠臣慷慨而悲壮地携手共赴了黄泉，以自己的生命祭奠建元革新的失败，并以自己的生命向尊贵的太皇太后宣告改革的神圣。赵绾、王臧自杀后，建元革新的支持者窦婴、田蚡也分别被罢去了丞相和太尉之职。初出茅庐即遭重创的武帝，一时间精神萎靡，心灰意冷。

生性好强的武帝是不会轻言失败的，他想起了汲黯师傅当时劝他认真研习黄老之学的一句话来："黄老学说高深莫测。奇兵异谋多藏于此。"于是，武帝认认真真地又一次读了《老子》。这一次，他终于从这本书里悟出了一个道理：隐显方能及远，匿锋所以至大。韬光养晦，伺机而发，方可无往而不胜。

平阳公主指了指院子里皇帝的更衣车，对子夫说："别羞答答了，贵贱就在今天了。"平阳公主对卫子夫耳语了一番，卫子夫羞涩地点着头，然后走进了更衣车。

这夜，卓文君春心激荡，不能入眠，终于趁夜悄悄出卓府，夜奔司马相如，这对才子佳人的自由恋爱，被后世传为佳话。

汉武帝建元六年（前135年），窦姬这位让武帝爱恨交集的皇祖母终于寿终正寝。大汉盛世太后窦漪房勤苦一生，至七十余岁病逝，全国致哀，武帝为皇祖母举行了隆重的国葬。窦太后是盛世女杰第一人。

一、出身寒族

凤落苦寒家

窦妻目不转睛地顾盼天空，忽然一个赤色的火团从遥远的天际间跌了下来，火团越过了七彩缎，跳跃着、滚动着直扑窦妻而来，窦妻躲闪不及，惊恐万分。正在窦妻不知如何是好时，那团赤色的火球幻化成了一只绚丽夺目的凤凰，优雅地拍打着翅膀，亲昵地围着窦妻打转，旋即落在了窦妻身上……

中国古代的军事家孙武曾对晋国六卿的存亡做过一个推断：范氏和中行氏将先亡，然后是知氏、魏氏、韩氏，最后只有赵氏独存而取得晋国。孙武以其军事家的睿智，独具慧眼地预测了赵国在历史进程中的重要地位。尽管历史发展的最终结果是赵、魏、韩三家分晋，但赵国人自从登上历史舞台，就显示出了不同凡响的聪明才智，出现了许多推动历史进程的人物：公仲连、赵武灵王、平原君、乐毅、蔺相如、廉颇、赵奢、李牧……这些王侯将相的名字与古老的赵国交相辉映，在历史的天空中熠熠生辉。

时光飞梭，历史的巨轮行进到了汉初，一位女性饱蘸历史厚重的汁墨，用她传奇的一生，为赵国的群芳谱又增添了一个令世人瞩目的形象。她就是清河观津女子——窦漪房，史称窦太后（在我们以后的叙述中称她"窦姬"）。

公元前221年，秦始皇统一六国建立了中国历史上第一个封建的中央集权制国家。为了统治这个前所未有的国家，秦始皇一方面在政治、经济、军事、文化诸方面制定了一系列顺应历史发展的政策，采取了设郡县、统一法律、统一度量衡、统一文字、统一货币，拆除六国旧有的军事要塞，决通川防，修治驰道，迁徙富豪，北击匈奴，南征南越等一系列健全和巩固新政权的措施，对中华民族的形成和发展作出了重要贡献。但另一方面，秦始皇并没有让饱受战乱之苦的民众休养生息，为了满足其专制统治及穷奢极欲的享受，实施了一系列残暴的统治活动，使广大人民饱受了秦始皇骄奢淫逸、横征暴敛之苦，以致"力役三十倍于古"，"丁男被甲，丁女转输"，造成了"男子力耕不足粮饷，女子纺绩不足衣裳"；"力罢不能胜其役，财尽不能胜其求"。长期的严刑峻法，征戍徭役，造成了"赭衣塞路，囹圄成市"；"男子不得修农亩，妇人不得剡麻考缕"的社会现状，甚至出现了"死人以沟量"的惨状。窦漪房的父母就生活在这样一个历史时期，终日过着衣不遮体、食不果腹的饥寒日子，窦漪房的父亲窦充还要为逃避征戍劳役东躲西藏。物极必反，秦朝这个看似强大的封建帝国，顷刻间就被陈胜、吴广领导的农民起义的汹涌波涛冲毁了。

远离咸阳的清河观津，忠厚、本分的窦充是个庄稼人，种好庄稼是他最大的心愿。他没有一丝"闯天下，见世面"的想法。村里不时有年轻人去闯天下，他明白自己只能种庄稼，而且知道自己是个干农活的好手，不管是耕田、耙地、打场、挑担，只要是庄稼活他样样精通。他总觉着凭自己的身板和手艺，能让全家过上安稳日子，可是这些年兵荒马乱，一会儿一个"皇帝"、一会儿一个"王"，整日里打打杀杀，搅得人不得安宁。官府的捐税和各种队伍的征发，像两把锋利的剑，架在这个庄稼汉的脖子上，使他动弹不了，挣扎不得，只能眼睁睁地看着一家老小吃了上顿没下顿，整日用野菜充饥。窦充望着骨瘦如柴的妻儿，无奈地叹息着……

楚汉战争相持已经三年多了，人们度日如年地打发日子，四处打听战争的消息。

这年春天的一天，外出多时的窦充回家了，而且还带回了几斤棒子面。已经病了多日的窦妻，一下子有了精神气儿，病也轻松了好多。第二天，窦妻起了个大早去地里挖了些野菜，回来洗净拌了些棒子面，一会儿工夫几个窝窝头便做好了。她叫醒了丈夫和儿子长君，吃完早饭，她嘱托丈夫看好儿子，说趁今儿个天好回娘家看看。窦妻的娘家也就十来里路，半个多时辰便到了，老娘已经几个月没见着闺女了，高兴地拉着女儿的手，一双老眼慈祥地盯着女儿的脸左看看、右看看，问了窦充，又问了长君，娘俩亲亲热热唠着嗑，不知不觉快到晌午了，窦妻急忙告别了老娘，匆匆往回赶。毕竟是春天，人容易疲倦，加上窦妻身子骨虚，到家时，窦妻已是全身冒汗，四肢乏力，双腿像灌了铅似的难以挪步。丈夫和儿子都不在家，窦妻一屁股坐在了门槛上，闭着眼，喘着气，靠着门框歇息着，不一会儿便打起了盹。

暖风和煦，阳光万里，七仙女们正在天空中不停地忙碌着，她们的衣裙真好看，她们的手怎么那么纤巧、秀美，她们织的七彩绸缎真好。窦妻从未见过颜色这么好看的彩缎，她目不转睛地顾盼天空。忽然一个赤色的火团从遥远的天际间跌落了下来，七仙女不见了，火团越过了七彩缎，跳跃着、滚动着直扑窦妻而来，窦妻躲闪不及，惊恐万分。正在窦妻不知如何是好时，那团赤色的火球幻化成了一只绚丽夺目的凤凰，优雅地扑打着翅膀，亲昵地围着窦妻打转，之后落在了窦妻身上……"你咋靠这儿睡了？"窦充带儿子回来，叫醒了窦妻。窦妻扶着门框站了起来，一边拍着身上的土，一边告诉丈夫刚才那个奇异的梦。

过了没多久，窦妻怀孕了。她时常想起梦里的那只凤凰，人常说梦见凤凰是吉兆，窦妻也确实认为那个梦给他们家带来了好运。近来抓丁役的风声没那么紧了，丈夫不用离家出去东躲西藏了，窦妻也不用担惊受怕牵挂丈夫了，有丈夫在家，窦妻就有了主心骨，不管吃得饱吃不饱，一家人总算热热和和，团团圆圆地在一起了，加之又有了身孕，窦妻心里甜滋滋的，脸上始终带着笑容。窦妻早就想再生一个孩子，一来她觉得长君一个人太孤单了，二来她相信那句老话"多子多福"。只是这几年丈夫东躲西藏的日子过得不安稳，总未遂愿。

算来窦妻怀孕已经快三个月了，窦妻感觉这个孩子跟怀长君时完全不一样，这个孩子太安静，没有让她有一点妊娠反应，既不贪睡乏力，也不呕吐挑食，身体状况越来越好，以前的病症消失得无影无踪。窦妻总是对丈夫说："这肯定是个孝顺孩子！"

窦妻怀上窦姬这一年，楚汉战争也到了最后关头。

第二年，刘邦率领各路诸侯军三十万与项羽决战于垓下（今安徽灵璧县东南）。项羽的十万大军在汉军的四面楚歌中溃散而逃。大势已去的项羽，带领着突围而出的八百余骑，逃至乌江（今安徽和县东北乌江浦）边上自刎。长达五年的楚汉战争结束了。公元前206年，刘邦称帝（史称汉高祖），定都长安（今陕西西安）。

转眼窦妻已经到了分娩的日子，她依旧忙里忙外的，一点也不显得笨拙，村里的人也直夸窦妻身子利落，一点儿也不像快要生产的人。这天从田里回来，窦妻略微觉着肚疼，过了一个时辰越发疼得厉害，窦妻叫丈夫赶快去请会接生的王婶，待王婶慌忙赶来，羊水已经破了。王婶转身走到门口，对站在门外的窦充说："羊水破得太早，恐怕要难产哩。"听了王婶的话，窦充的心吊到了嗓子眼上，额头上也不知不觉冒出了汗珠子，他双手合拢，祈祷上苍保佑母子平安。大概过了一个多时辰，他听到了孩子的哭声，他不敢确定地冲着屋里问："王婶，孩子生了吗？"王婶兴奋地说："生了，生了！""我估计错了，没想到羊水破那么早，还能这么顺溜把孩子生下来。你媳妇少遭罪喽！给！看看你的孝顺闺女。"闺女？窦充有些失望地低头看着怀中的孩子。可刚出生的孩子都一个样，一下子看不出美丑来，何况窦充一双本分、老实的眼怎能看出他怀中女婴未来身份的高贵呢！上苍似乎对人的命运早有安排，这个怀中女婴的命运已经被上苍安排到了西汉这艘巨轮上，使她亲历了高祖、惠帝、吕后、文帝、景帝、武帝六朝。

就在窦姬出生的时候，正发生着一场事关她未来命运的社会变迁。

清河第一美女

窦姬在春不得避风尘、夏不得避暑热、秋不得避阴雨、冬不得避寒冷的四季轮回中，出落得亭亭玉立。苦难的岁月没能使她的天生丽质有丝毫逊色，反而早早地赋予了她成熟的风韵和气质，她成了众人口中品貌皆佳的"清河第一美女"。

窦姬自生下来就与其他的孩子不一样，很少有哭闹声，窦妻常对丈夫说："这闺女真省事，任凭咋的也不大声哭！"窦妻怜爱地看着闺女那张精致的小脸："你知道娘没有好东西给你吃，干脆也就不闹娘了，免得娘心慌，是不是？"襁褓中的窦姬，只要听到娘说话就用笑脸回应。转眼间，窦姬已经到了该走路的时候了，可是不管窦妻怎样教，她就是不知道迈步。窦妻犯愁地说与窦充，窦充解释说："这年头，大人走路腿还软呢！唉，咱们闺女受亏了，没有喂养好。"又过了几个月，窦姬还是不会走。该不会有啥毛病吧？窦妻想。还是找王婶问问吧。窦妻有什么揣摩不透的事总喜欢向王婶讨教，一来王婶生性泼辣，为人厚道；二来王婶走西家、串东家的给人接生，见多识广。窦妻愁眉苦脸地去问王婶，王婶听完了，两手一拍："嗨！这有啥愁哩，闺女是个贵人哩！女娃家，走早了要饭，走晚了坐轿。"王婶的话又使窦妻想起了那个奇异的梦，难道这闺女真的主贵？窦妻舒展了眉头，心里滋润多了，索性不再刻意逼窦姬学走路了。

窦姬四五岁的时候，已是个左邻右舍都赞不绝口的伶俐孩子。她从不给父母添乱，父母干活时，她会静静地坐在一旁，用那双又黑又亮的眼睛专注地看着，适时地为父母擦汗，递汤递水，招得父母打心眼儿里爱怜她。她从来不和哥哥吵嘴，父母给他们吃什么，她总要再分一点给哥哥："哥总是背我玩，哥应该多吃些。"长君也同样喜欢这个懂事伶俐的妹妹，不论是捉蛐蛐、摸鱼蟹、掏鸟窝，还是拾柴、割草、放羊，他都愿意带着妹妹。尽管窦家的苦日子还满足不了温饱，但窦充夫妇一想到一双人见人夸的儿女，心里就充满了快慰，饥饿和劳累的日子也就不那么难熬了。

每逢夏日的晚上，一家人坐在院子里乘凉，窦妻翻来覆去地给孩子讲着不知传了多少辈子的故事，像"嫦娥奔月"啊、"牛郎织女"

大枣树是窦家的希望

啊，这些故事窦姬早就熟记于心。窦妻有时也出谜语给他们猜，小窦姬总能抢先猜到答案。有天晚上，窦妻依旧像往常一样，慢声细语地给儿女们说着谜语："从前有个媳妇，穿了一身绸缎，绸缎脱了，长了一身瘊子。"窦姬问娘："这东西是吃的，还是用的？""是吃的东西。"窦妻解释说。长君不擅长用脑袋思考问题，每逢娘出谜语，他就七猜八猜一大串：是红枣？杏？窝头？窦妻看了看憨厚的儿子，摇了摇头。这时窦姬问："啥是绸缎衣服？"窦妻说："绸缎就是大户人家身上穿的用蚕丝织成的又鲜亮又光滑的漂亮衣服。""穿绸缎衣服？"窦姬喃喃自语，突然她眼睛一闪，"噢！是玉米棒。"窦妻看着窦姬赞许地点着头。窦充这时也插语道："这闺女，脑瓜儿好使，要是个男娃我们就有指望了！可惜托生错了。"窦妻又想起了那个梦，于是她对丈夫说："儿女自有儿女的福，世上的事啊，谁也说不准。"

窦充起来走到枣树下。窦家院子里这棵高大的老枣树，是窦家人的快乐和希望，全家对它珍爱无比，从不攀爬取果，生怕折坏了来年坐果的枝条，影响枣树结枣。

窦充望着枣树对窦妻说："等熟了拿出去换些吃的，给娃儿们打打牙祭。"父母说话的时候，小窦姬从来不随便插嘴。她抬头望着深邃的天空："嫦娥仙子肯定也穿着漂亮的绸缎衣服。"月亮像个大玉盘似的挂在空中，月宫中粗壮高大的桂花树遮住了小窦姬的视线，她无法看到嫦娥仙子住的宫殿，真想知道宫殿是什么样子，她充满了好奇。

每年的农历七月七日，被年轻姑娘们称为"乞巧节"。在七夕的晚上，端盆水放到月光照射下的院子里，过些时候，空气中的灰尘就会在水面上结成一层薄膜。这时候再轻轻地把缝衣针丢在水盆里，由于有了薄膜的托浮，缝衣针会漂在水面上。然后在月光的照射下观察水中映出的针影，如果影像是云朵、花朵或鸟兽之形，此女便乞得了巧，就是得巧了。如果影像是细如线、粗如槌之形，那么此女子就未得巧。七夕的夜晚，小窦姬也一本正经地跟着左邻右舍的大姐姐们"乞巧"。大约有一两个时辰，盆里的水面上便浮着一层膜，窦姬学着姐姐们的样子，虔诚地把缝衣针丢在了水里，瞪大眼睛看着水面，她发现盆底出现片片不规则的影子，她扭头看了看她身旁的几个姐姐们，她感觉姐姐们的脸上出现了失望的表情。其中一个姐姐说："来，看看窦姬得巧没有。"窦姬挪了挪身子，让出了一个位置，这位姐姐，头刚伸到水面上，就大叫了起来："哟！窦姬得巧了！"

在清河一带，七夕不仅是姑娘们"乞巧"的日子，还是人们约定俗成的一个许愿日。许愿的人不分贫富、老幼，每次只能许下一个愿，而且要连续虔诚地许三年才会应验。"得巧"让窦姬心花怒放，窦姬在院子里跪拜了织女，许了一个愿："让我看看宫殿是什么样子！"

这年，人们在饥饿与恐慌中进入了农历新年。正月没过完，天空中便雷声轰鸣，震得人心惊肉跳。人们七嘴八舌地议论道："凡间不太平，老天爷发怒了。""肯定是李天王带天兵天将来平乱了。""正月间打雷，要死人了。""正月里打雷坟堆堆，二月里打雷麦堆堆。"窦充听着村里人的议论，双眉紧锁，脸上布满了愁云。"今年又没指望了，唉——"以往即便是赶上收成不错的好年，到了春天，窦家人仍旧要吃糠拌菜度春荒，何况是遇到荒年，去年除了老枣树给窦家带来了一丝欢喜外，夏秋两季的庄稼都歉收，窦充心里充满了无奈的焦虑。

上天给窦家濒临绝境的生活带来了一线生机。刚进农历二月，春风就把温暖与百草带给了饥饿的人们，窦家倾巢出动去向土地爷爷索要吃的。窦姬提着一个已经磨坏了筐沿的箩筐，用一双充满希望的大眼睛，在田间寻寻觅觅，往往返返，仔仔细细地寻找着可以充饥的野菜，她到过的地方没有漏采的野菜。她采野菜时与别人不一样，别人是连根拔起的"挖菜"，窦姬是只取茎叶的"采菜"，窦妻看到窦姬满满的一箩筐野菜，像是择过了一样，几乎看不到菜根，就问了窦姬，窦姬认真地对窦妻说："我把菜根留地里了，过些时日还能再去采。"窦妻为女儿心思缜密、做事留后路感到异常的欣慰和高兴，她冲着窦充信心十足地说："咱闺女赶明儿一定行！"窦充这时也舒展了眉头，慈爱地看着窦姬。

有了野菜的搭配，窦家人一天好赖又能吃上两顿饭了。"真是天无绝人之路啊！"窦充心里这样想。可这时，窦家又有了一桩烦心的事：窦妻发现自己怀上了第三个孩子。照理说有身孕是喜事，窦家人丁不多，再生个娃将来长君也好有个伴，可窦充夫妇犯愁得不知如何是好。眼下这日子，别说大人了，就连长君和小窦姬也时常饿肚子，再添一口人，不明摆着是老少都遭罪吗？再者，这几年穷家难当，有点吃的什么，窦妻总是紧着丈夫和孩子，长期的食不果腹使得她极度的消瘦和虚弱，她时常感到心气不足。窦妻说不清楚为什么这次怀孕没带来一丁点儿的喜悦，倒让她觉得她的生命已到了尽头。她与丈夫商量着，明儿去找西院王婶想想办法。第二天，窦妻去找王婶，向王婶说明了来意，王婶看着窦妻："法子倒是有，可你这身子骨不行，出了人命咋办？你呀还是好生留着吧！万一生个男娃，长君不就不孤单了吗？为了你家长君，你就撑上几个月吧！"

自怀孕以来，窦妻常感胸闷，上不来气。由于气虚，双腿也无力，操持家务已力不从心，更别说下田干活了。家里烧火做饭、洗洗涮涮、缝缝补补的活儿，全落在了窦姬身上。小窦姬与生俱来的理家天分，着实让窦妻惊叹不已，啥时做饭、啥时洗衣不等窦妻提醒，她已做得停停当当。不管是做饭还是做针线活，只需要窦妻教她一次，她就能做得像模像样。女儿的聪颖伶俐使窦妻备感宽慰，身子也轻松了些许，她笑着夸女儿："你真是我家的'七仙女'。"窦姬受到了夸奖，兴奋得双颊绯红，她天真地告诉娘："我'得巧'了！"这种天伦之乐，带给窦充夫妇的温馨和快乐，足以使他们暂时忘却一切的困扰、烦恼。一双儿女是窦充疲惫身心的支撑点，给窦充带来了生活的勇气和力量，为了一双儿女及未出世的孩子，窦充满世界地寻找着可以填充家人肚子的东西。

窦家田里的麦苗长势还不错，整个春天，窦充带着儿女们在田里锄草施肥、种小麦、种棉花，不停地劳作，窦充像呵护儿女一样呵护地里的庄稼，在他心里，地里种下的不是庄稼，而是他的希望、他的生命。可天不遂人愿！一春的劳作泡在了麦子扬花时的一场阴雨里。俗话说"火里生金"，当麦子需要阳光普照的时候，老天却阴云密布，雨下个不停。看着一颗颗干瘪的麦粒，窦充懊丧极了，但他仍不愿放弃心中的那一线希望，"天无绝人之路，还有秋庄稼哩！"他这样安慰着自己。

这年夏天，自麦收过后就很少降雨。太阳像个顽皮的小孩儿，每天早早地醒来，欢蹦乱跳地滚动着，把高温和酷热洒向了大地，煎烤着愁眉不展的人们，饶有兴趣地看着被它烤得炸裂了的土地、枯黄了的叶子、耷拉着头的庄稼，以及成片成片跪在地上求雨的人们……

一个多月过去了，干涸的大地上没有落下一滴雨水，田里的玉米已经变成柴火。在这个颗粒无收的秋天里，窦家的第三个孩子广国出世了。窦妻生产后，窦充就常到村子附近的河里捉鱼，虽说没有大鱼，但每次都多多少少捉到一些鱼，加上窦家亲戚贺喜送来的一些面粉，窦妻总算半饥半饱地坐完了月子。眼看就要入冬了，村里人说几十里外的乌龙潭能钓到大鱼，窦充一听就来了精神头。要是真的能钓到大鱼，卖了换些粮食，那冬天的日子就有指望了。第二天三更里，窦充就起身上路了。这乌龙潭因水深不见底，似黑龙盘旋而卧，所以就有了乌龙潭这个名字。等窦充赶到乌龙潭，潭边的垂钓者已经钓到了不少鱼。攀谈后知道，这些人都是因为家远晚上就结伴宿在潭边，这些憨厚的穷哥儿们，知道窦充是从几十里外赶来的，就热心地告诉窦充，在哪个地方下饵容易钓到鱼，当听说窦充家新添了小儿，有的人还把自己钓到的小鲫鱼送给窦充。这天窦充带回来了三四斤鱼，一家人围着鱼兴奋了许久。窦充把大些的鱼卖了，剩下的几条小鱼，让窦姬炖了一锅汤，又溜锅贴了几个黑窝头，一家人高高兴兴地吃了好久好久以来的一顿饱饭。窦充料理完了家里的一些活计，嘱托了儿女一些事情，带着简单的行囊又奔乌龙潭而去。

窦充走的时候告诉窦妻晚上要在潭边待一宿，这样可多钓几条鱼，省得来回跑，工夫全耽误在路上了。窦妻当时就对丈夫夜宿潭边不放心，可想到来回跑确实太累了，只好勉强允诺。窦充前脚刚走，窦妻就在心里贩起了后悔药，心里总觉得不踏实。第二天太阳已经落山了，还是不见窦充的人影，焦急等待中的窦妻已慌得六神无主，不停地叫长君去村口看。窦姬看着慌乱中的母亲，隐约觉得要出大事了，她想到了爹，心里猛一颤，身子不由得打了个冷战，眼泪顺着眼角流了下来，她怕娘看到，急忙转身擦去眼泪。这一切窦妻全看在眼里，她强打精神，用平和的口气对儿女们说："睡吧，你爹明儿就回来了。"

夜里子时，一阵噼啪的叫门声，把窦充葬身潭底的噩耗带给了窦家。

那天，快傍晚的时候，在潭边垂钓的窦充，发现潭内一块大石头附近有鱼群，窦充挽起裤腿蹚水爬上了大石。这是一块斜面的大石，几乎全部的石面被水遮盖着，只剩下一点石面凸露出水面，勉强放得下两只脚，窦充抛鱼线时身体失去了平衡，脚向前踏到了被水浸着的石面，谁想这石面长期被水浸着，灰尘、微生物全沉附在了石面上，使石面像抹油了一样光滑无比，还没容窦充回过神来整个人已经滑向了深潭。可能是落水时头击到了石面，会水的窦充无声无息地沉向了深潭。当远处的伙伴们听到响声，赶来相救时，窦充已不见了踪影。大伙分头潜到冰冷的水下，找了一个多时辰，直到天黑也没找到窦充。大伙明白，窦充是没命了。可没有活人也总该找到尸体呀！大伙拾了些柴，在潭边架起了火堆。寻找了一夜又一天，仍没找到窦充的尸体。

窦妻自听到噩耗后，已昏厥了几次，说什么也要找到丈夫的尸体。窦家兄弟又带人到乌龙潭找了几天，仍没有找到窦充的尸体。左邻右舍的善良人们，对窦家的不幸感到非常难过，他们为可怜的孤儿寡母洒下了同情的眼泪，主动为窦家料理起了后事。按照观津的习俗，窦家人在村外的坟地里为窦充起了衣冠冢。

自窦充死后，窦妻就一病不起。一些农活在窦姬叔叔的帮助下由长君做，家里的所有家务及照料窦妻和弟弟广国的活全压在了窦姬肩上。这年冬天窦姬觉得漫长和寒冷，她非常想念爹爹，她常常背着娘一个人到爹的坟前，哭泣着诉说自己的思念，她觉得没有爹的家里已没有了任何欢笑，没有爹的家已变得冰冷刺骨。她常仰头望着天空，乞求七仙女保佑她娘！她不敢想没有娘了咋办。有时她害怕得真想放声大哭，可她怕娘难过，总是忍着！再忍着！这年窦姬一家人在叔叔和乡邻们的帮助下，度过了悲伤与艰难的漫长冬季。

刘邦亲历了秦末的农民起义，对于"物极必反"的道理有了更深刻的认识，他知道要想使大汉朝福祚长绵，江山永固，就必须减轻苛捐杂税及各种劳役，使农民安心于农事耕作，生活安定。所以在称帝之初就采取了诸多有利于农业生产的措施。许多士兵由于停战而解甲归田，许多为了躲避徭役、战争而逃亡在外的富人也回到了家乡，许多因贫困而卖身为奴的人，都恢复了自由回到了家乡，一时间回乡生

产的人愈来愈多，许多荒田变成了庄稼地。这样一来，窦家的孤儿寡母又多了些求生的机会。窦家兄妹在叔叔和乡邻的帮助下，除了耕种自家的田地外，还可以去别人家打工帮佣以补家用。尽管日子苦，但整天忙忙碌碌打理家事的窦姬并没有觉得难熬，她一心只盼着娘的身子骨能好起来，她也就无所求了。每年到了乞巧节许愿时，她都会虔诚地央求织女保佑她娘。她只要娘好起来，别的她什么都不要。也许是上苍有意在磨砺这位大汉朝未来的国母吧！尽管窦姬用尽了心思和办法照料母亲，但窦氏还是在窦充死后三年追随窦充而去，把年仅三岁的窦广国和窦姬兄妹抛在了这个世上……

二、入主代王宫

汉宫选美

两个差役都把眼光投向窦姬，从心里赞许道："清河美女，果然花容月貌，名不虚传呀！"然后，一人吩咐窦家："窦女已作为良家女入选秀女，即刻随我等到驿站。"窦姬一时还没有从突如其来的事情中醒过神来，市然地站在原地。

窦姬在风雨飘摇中走过15个年头的时候，正是大汉朝的国丧之年。这年大汉朝的第二代皇帝刘盈——汉惠帝，在忧郁和苦闷中走完他短暂的24年人生。

惠帝生性善良、懦弱，朝政大权实质上操纵在其母吕后手中。汉高祖死后，吕后违背了汉高祖与诸大臣约定的"白马盟誓"，大封吕姓王，不择手段地诛杀刘姓子孙和高祖宠妃。

为惠帝发丧时，吕后只是干嚎，并没有眼泪。按理说老年丧子，是人生的最大不幸，可吕后却一反常理，众人都觉纳闷。留侯张良十五岁的儿子张辟强时任侍中，看透了吕后的心思，于是他问丞相陈平："吕太后就惠帝这么一个儿子，现在惠帝驾崩了，而太后无泪的哭声显不出一点悲切之情，这是为什么呀？"陈平道："我也正纳闷呢！你倒说说是为啥？"张辟强说："我觉得是因为皇帝驾崩后，太后身边没有可知事的人，太子又小，太后担心你们这班老臣另有所谋，所以无心痛哭。丞相你等若被太后猜疑，势必会祸及自身。依我之见，丞相这时应该奏请太后，拜太后的亲侄子吕台、吕产、吕禄为大将军，统率两宫卫队南北二军，并请吕氏家族的人到朝中做官，这样太后才能放心，你们这些老臣才能幸免于难。"陈平依计立刻奏请吕后，吕后异常高兴。惠帝驾崩后，吕后心里没着没落的，主心骨没了，吕后这几天常处于无助的恐慌之中，她突然惧怕起这些老臣来。她叹息着想：娘家倖倒是不少，可没一个既当权又当事的，吕氏的势力远在那些老臣的势力之下，一旦有事可咋办呢？陈平的奏请似春风雨露滋润了她绝望的心田，她立刻下诏，命吕台、吕产、吕禄分管南北两军，负责宫中和京城的护卫。一切安排妥当，吕后才悲痛欲绝地哭起惠帝来。

在吕氏族人掌握了朝中大权之后，吕后大赦天下，遣散宫女。

少帝登基后不久，便下诏全国选良家美女入宫。

窦姬正带着弟弟广国在采摘桑叶。广国看姐姐正在专心干活，便偷偷爬上了一棵树杈，顽皮地不停地摇动，他看着来回晃动着的树叶，高兴地拍着小手："跳舞了！跳舞了！""树叶拍手喽！"正在兴头上的广国，不知咋的没站稳，从树上重重地摔了下来。哭声惊动了正在干活的窦姬，她急忙跑过来从地上扶起了广国，紧张地试着活动广国的胳膊腿，还好！除了擦破点皮之外，胳膊腿都没事，窦姬松了一口气。可广国还没从惊吓中回过神来，仍一个劲儿地哭。窦姬一边告诫广国爬树危险，一边哄他道："好了，别哭了！你不是喜欢听姐唱歌吗？姐唱歌给你听好不好？"广国一抹泪："那唱蚕宝宝！""好！"窦姬带着广国一边唱歌一边干活："蚕宝宝啊蚕宝宝，全家都把你指望，爹爹指你买大犍，妈妈指你盖新房，哥哥指你娶新娘，姐姐指你添衣裳，只有弟弟不要啥，过年指你鞭炮放。"窦姬唱完对广国说："广国要是听话，等蚕宝宝长大，结茧，卖了钱，过年的时候姐给你买鞭炮放。"姐弟俩说着干着，不知不觉一大箩筐桑叶已采好了，窦姬一只手拎筐，另一只手牵着广国向村里走去。远远看见叔叔来寻他们了，叔叔接过箩筐大步流星地往家走，像是有啥事。窦姬牵了弟弟快步追上叔叔："出啥事了？"叔叔说："到家再说吧。"

窦姬家已经里里外外围了好多人，窦姬顿时心里扑通扑通跳个不停，心提到了嗓子眼上，"咋了？"她快步向家奔去。人们见到她一个劲儿地说："回来了，回来了。"这时候她听见西邻的王奶奶说："这闺女自小就与别的闺女不一样，主贵着哩！"也有人小声说："入了宫也不见得就好！"有人反驳道："能见到皇帝，能享福咋不好？"这时窦姬看到她家堂屋里坐着两个穿官服的差役，窦姬恐慌地朝二人行了礼，就听得叔叔说："这就是我家窦姬！"两个人都把眼光投向窦姬，从心里赞许道："清河美女，果然花容月貌，名不虚传呀！"然后，有一人吩咐道："窦女已作为良家女入选秀女，即刻随我等到驿站。"窦姬一时还没有从突如其来的事情中回过神来，木然地站在原地。哥哥长君已是泪流满面，广国从未见哥哥流过眼泪，这时看到哥哥流泪，知道姐姐去的地方一定很远，他抬脸望着姐姐毫无反应的脸庞，拉着姐姐的手："姐，你要去哪儿？"窦姬回过神来，垂眼看着幼小的弟弟，眼泪像泉涌一般夺眶而出："皇宫，很远。"广国噙着眼泪问："啥时回来？"窦姬蹲下身子，泪眼婆娑地看着广国，摇了摇头，广国像一个在黑夜里与大人走失的孩子一般，害怕无助地大声痛哭，他紧紧地用手臂搂着姐姐的脖子，大声地哭着，不让差役带走姐姐，围观的乡邻也被这哭声搅得鼻子发酸。两个差役也被广国的哭声搞得手足无措。无奈皇命难违，两差役硬着头皮敦促窦姬上路，在众乡亲的央求下，两差役同意让长君和广国送窦姬到驿站。

一路上，窦姬把所能想到的事全部嘱托了哥哥长君，千叮咛万嘱托地让哥哥照顾好广国，分别前窦姬央求差役找了个大盆，流着泪最后为广国洗了澡，又讨要了一碗米饭，让广国吃。看着广国吃饭的样子，窦姬想到以后再也见不到弟弟了，可怜的弟弟生活还不能自理，以后可咋办呢？窦姬的心仿佛被撕裂成了几瓣，揪心地难受。窦姬在驿站泪别了哥哥和弟弟，沉重地踏上了驿车。

进京的路上，窦姬默不言语，时常以泪洗面。夜是这样的寂静，孤独忧郁的窦姬怔怔地望着窗外的月亮，她想家，想哥哥和弟弟，哥哥和弟弟的面容时而清晰地出现在她的脑海里，时而又模糊不清，她不知道还能不能再回家，再见到哥哥和弟弟。哥哥和弟弟的衣食谁来料理呢？无法排遣的思念和担心横亘胸中……突然，她看到娘了。娘依旧是满脸的慈祥。窦姬扑进娘怀里，无声地哭泣着，一时间她不知道该给娘说啥，娘怀里好温暖，好舒服。娘见她一个劲儿地哭，也不言语，用手不停地拍着她的背，任她哭个够。过了好久，娘扳起她的头，一边用衣袖给她擦眼泪，一边对她说："娘怀你的时候曾有吉兆，我闺女的命主贵着哪！咱窦家还指望你哩！"窦姬停止了哭泣："啥吉兆？"娘笑着站起身向门外走去，"娘——"窦姬被自己的喊声惊醒了。她回忆着刚才的梦境，回味着梦里娘说的话，她还想起了小时候在乞巧节时许下的心愿……

窦姬与弟弟、哥哥分别

代王独幸窦姬

是夜，代王刘恒即垂幸了窦姬，窦姬身体修长而纤细，皮肤光滑而清纯，代王看着眼前的佳丽，异常兴奋，热血沸腾，他深吻着窦姬，像一个长久失去了土地的农夫，突然间发现了一块肥沃的、未开垦的处女地一样……窦姬在惊恐和羞涩中，体味了初为人妇的滋味。

窦姬一行每至一道宫门必下车步行，并接受一道道宫门千篇一律的检查。这么繁多又仔细的检查，使窦姬刚踏进皇宫就领略到皇宫至高无上的权势和威严，她的心一直扑通扑通地跳着，这时，她已无暇思念家乡、怀念亲人，她紧张地、小心翼翼地走进了皇宫。由于过度紧张，窦姬低着头只管随众人前行。晚上躺在床上无论如何也想不起来进了宫门之后是怎样走到现在身处的地方，只知道拐了好多道弯。皇宫就是大！窦姬心里想。今天是她在皇宫度过的第一天，白天所经历的事又一幕幕浮现在脑海。进得宫来，她们便被分成了若干组，各由一名老宫女带着。窦姬被宫女引着来到了一间四下不透风的密室，几个面孔冷若冰霜的老宫女站在里面。自被选为秀女以来，窦姬已接受了几次这样的验身检查。她按照吩咐，解了下衣，小心地、慢慢地坐到一只木桶上面，如果木桶内的草木灰稍有吹动，她就犯了欺君的死罪。她微启下巴，一名宫女拿了一根捻得很细的棉花捻子，插入她的鼻孔不停地搅动，直搅得窦姬鼻子奇痒难耐，"阿嚏！"听到了喷嚏声，宫女方才把捻子从窦姬鼻孔中抽出，又令窦姬起身。几个宫女挨个儿认真查看了桶内的草木灰，草木灰纹丝不动，几个宫女眼睛对视了一下，点了一下头，摆手示意窦姬退下。

通过了"处女"检查，窦姬领到了一身官装，然后由一名官女带着去沐浴。窦姬洗了一个舒舒服服的温水澡。沐浴时的窦姬少许有些忸怩，她用眼瞟了一下站在不远处的两个当差的官女，那两个官女并没有注意窦姬。窦姬定了定神，然后含羞脱去了层层衣服，第一次使自己全裸的肌肤展现在自己的视线之下。她仔细地审视着自己的肌肤，自己如膏脂般的肌肤让她吃了一惊。贫寒的日子使她无暇审视、欣赏自己的美，她常听别人夸奖她漂亮，但她从未意识到自己的漂亮。她听到了当差的两个官女的窃窃私语，她抬眼望了那两个官女一眼，她从她们的眼中看到了羡慕、赞叹的眼神，她突然觉得耳根发热，慌忙跳入了木制的洗澡盆中，一种舒服温暖的感觉立刻传遍了全身，仿佛长途跋涉的人终于躺到了自己家中的床上。她微闭双眼，尽情享受着沐浴带给她的惬意和满足……也许是由于两三个月的长途跋涉过于劳累，也许是沐浴给她安了神，总之一路上忧愁哭泣、入官后胆战心惊的窦姬，在皇宫的第一夜，睡了一个没有任何梦境出现的好觉。

第二天，新入官的官女们便开始了紧张的培训。由伺候嫔妃的老官女们担任调教，这些老官女们分工很细，有管事的，有负责细工的，有掌管粗工的等等，这些人负责在几个月内调教好这些官女，使她们学会请安、说话、走路、斟茶、倒水、接递东西、摆膳、梳头、化妆、穿衣打扮等一些应付进退的宫廷礼仪，以达到宫廷用人的要求。

在等级森严、皇权压死人的汉宫里，宫廷礼仪严格、烦琐。官女们首先要学会"说话"。语言是人与人之间交流的工具，但由于官女们服务于特定的对象，她们使用语言就不单单为了交流，她们要学会听话，"金枝玉叶"们金口吐出的都是"玉言"，如果在听话上出了差错，很可能会丢掉脑袋。回话时也有讲究，既要做到简洁明了，又要达到主人满意。在称呼上更是有长幼贵贱之分，除了皇上、太皇太后、皇太后，还有皇后、夫人、美人、良人、八子、七子、长使、少使等嫔妃，如何称呼他人和自己，如何忌圣讳，这些都有严格的规定。所以说，入得宫来学会说话也并非易事。

新宫女的训练内容每天都被安排得满满的，如果在训练中有达不到要求的就要受到各种各样的惩罚。窦姬每天早晨醒来做的第一件事就是祈求老天爷保佑自己，平安渡过一天。窦姬诚惶诚恐地小心地过着每一天，可能是窦姬天生聪颖吧，也可能是上苍眷顾窦姬，入宫一个多月以来，窦姬是为数不多的几个从未受过任何惩罚的宫女之一。

窦姬认识一个也是来自赵地的宫女，由于年纪小，窦姬称她"小妹"。从家乡到长安，一路上解乡愁的办法就是与小妹说说话，使乡音绕耳，或与小妹一起抹抹眼泪。窦姬看到小妹就想到了弟弟广国，窦姬对小妹又多了一层怜爱。小妹在白天的两项训练中都受到了体罚。一是下跪请安。按照要求，向皇上、太后及嫔妃们请安要双腿跪下，腿的顺序是先左后右跪下，上身要挺直，与膝盖成90度角，且衣服不能在腿下打褶。遇到谢恩、谢赏时，要把头叩到地上撞出响声。这些在窦姬看来再简单不过了，但过度紧张的小妹却偏偏总出差错，下跪时，不是在腿的顺序上出了差错，就是腿下的衣裙打褶，因此，被负责调教的宫女罚跪了一个多时辰。下午，进行顶碗训练。这项训练属于形体训练。要求头顶木碗，脖子伸直，昂首、挺胸、收腹，双手抹腰。负责训练的宫女手拿教棍，目光犀利地审视着："记住了，你们侍候的是皇上，要站有站样，坐有坐样……把脖子伸直，挺胸……"上午受到体罚的小妹这会儿膝盖还在隐隐作痛，看到老宫女手持教棍向她走来，腿不由得发软，"啪！"教棍打在了身上。"腿站直！"随着棍棒的落下，小妹头上顶着的碗也随之掉在了地上。老

窦姬与小妹闲聊

宫女用眼狠狠地瞪了小妹一眼："捡起来！"小妹已吓得魂飞魄散，泪流满面，哆哆嗦嗦从地上捡起了木碗，可木碗再怎么着也放不到头顶了。"啪！啪！啪！"棍子落在了小妹的身上："跪下！"

到了晚上，窦姬一面用冷毛巾给小妹冷敷红肿的双膝，一面劝慰哭泣不止的小妹。大概窦姬把对家乡的思念及对弟弟广国的担心都倾注到了这位同乡的小妹妹身上了吧。小妹成了窦姬的感情寄托，每当她照顾小妹的时候，心里就感到特别的舒服。三个月的时间就这样过去了，伶俐的窦姬已基本掌握了宫廷的各种礼仪。

一天，一名老宫女逐个地审视着她们每个人的手指，并在名册上做着记录。汉代人非常重视女人手指的形状，他们认为手指决定一个女人一生的命运，这个女人一生的巧与笨，荣与辱都能体现到她的手指上。十指修长的女人聪颖，指尖尖细的女人睿智。肘部丰满、手臂圆润的女人必定大贵。第二天依名册点了窦姬等二十几个人的名字，又分别为她们各自出了不同内容的测试题目。给窦姬的是一个核桃大小两端有孔儿的白色珠子，要求窦姬用线从圆珠的这端穿至另一端。窦姬看到圆珠的两端的小孔能插进缝衣针，就拿缝衣针穿了线。当缝衣针与孔接触后，窦姬发现缝衣针怎么也插不进去。她拿起珠子，举到太阳底下看了看，两个小孔之间不透光，她立刻明白了，两个小孔间相通的这条缝隙不是笔直的，而是曲折的。怎么办呢？窦姬觉得自己身上在冒汗，她在心里对自己说："无论如何不能挨骂，要想法子。"她脑子急速地转着，眼睛四处巡视着，突然她看到了地上有一只大蚂蚁在缓慢地爬行着。她眼睛一亮，心想：真是老天有眼，让今年秋天的天气这么温暖，这时节还能看到蚂蚁！窦姬如获至宝，小心捏起了蚂蚁，把打了活扣的线套在了蚂蚁身上，然后把蚂蚁放进珠子一端的小孔中。窦姬目不转睛地盯着另一端的孔，心里不停地祷告着。过了一会儿，窦姬看到蚂蚁奋力地爬到了小孔的边沿，窦姬心跳加快，她担心线从蚂蚁身上脱掉。当蚂蚁完全爬出孔口的时候，窦姬看到了那根白色的线。窦姬兴奋得两眼放光，她把灿烂的笑容投向了那位老宫女，老宫女脸上也堆满了赞许的笑容，这是窦姬入宫以来第一次见到老宫女的笑脸。

窦姬等几个被认为既聪颖又具备美女资质的新宫女被带进了吕太后居住的长乐宫。窦姬有幸成了为数不多的服侍太后的宫女之一。长乐宫位于未央宫的东面，汉高祖五年（前202年）在秦兴乐宫的基础上修建，到高祖七年（前200年）建成。由前殿、长信宫、长秋宫、永寿宫、永昌宫、临华宫、宣德宫、温室等14座宫殿组成，周长约10公里，占地6平方公里，占整个长安城面积的六分之一。长乐宫形制工巧瑰伟，雕饰华美，宫内殿宇，静穆优雅，长廊遍布，迤逦相连，高祖皇帝曾在这里视朝，宴请群臣。惠帝后期改长乐宫为太后居住地，吕后时期，长乐宫是汉朝政治中枢。

命运牵着窦姬，使她一下子迈进了长乐宫，进入了大汉朝的政治中心。吕太后没有窦姬想象的富态，她高挑的个头，略显消瘦。方方的额头和笔挺的鼻子显示了她处事的干练和睿智，她眼神犀利而冷峻，拒人于千里之外，一看便知是一个不爱言语、不易亲近的人。可窦姬却在吕太后冷峻的目光后看到了几分忧郁、孤独。都说孤独的人能发现孤独的眼神。窦姬自来到长乐宫以后再也没有见过小妹，入宫以来小妹是她排解乡愁、倾诉苦闷的唯一对象，没有了小妹相伴，窦姬感到孤独异常。她清楚，如稍有差错，脾气乖戾的吕太后就会像踩死一只蚂蚁一样取了她的性命，那样的话，她可真是永远也回不了家，见不到哥哥和弟弟了。

一天夜里，窦姬当值，她意外地听到了吕太后在梦中哭泣。她又想起了吕太后那双潜藏忧郁、孤独的双眼，像吕太后这样整日呼风唤雨的人，也有忧愁和伤心？也会感到孤独？初涉世故的窦姬哪里知道，在别人眼里吕太后是高高在上、威风八面、残忍狠毒、杀人如草芥的女主。可谁人知道女人当家难，女人执政就更难，吕太后心中也有无法与外人诉说的苦衷。当初爹爹不由分说把她下嫁给了游手好闲且大她十多岁的刘邦。婚后，她要忍受丈夫的好吃懒做，伺候公婆和儿女，没有几年，她那金贵的小姐之身，已变成了手足胼胝的家妇之躯。她没有怨言，她相信爹爹对她说过的话："刘邦是大贵之人！"她总是告诫自己嫁鸡随鸡，嫁狗随狗。及刘邦起事，她饱尝了战乱之苦，她曾被项羽押在楚军做人质三年，度过了三年刀架在脖子上的漫长日子。经历了千难万险，好容易盼到了刘邦建汉，可皇帝的老婆又有几个是专房专宠的？更何况生性放荡的皇帝，有享用不尽的后宫美女，几曾想过把温情分与她这个糟糠之妻？尽管整日独守空房，可毕竟有个皇帝丈夫做庇护，但这仅有的一点慰藉，也随高祖皇帝的驾崩而烟消云散。丈夫死后，她把人生的希望重新寄托在了儿子惠帝身上。看着文弱、敦厚的儿子，吕太后便忧从中来。以前天下有高祖撑着，现在全压在了惠帝瘦弱的肩膀上，他还是个十几岁的孩子，这单薄的双肩怎么能撑得起大汉天下？

一日，吕太后召见监管大臣垂问工程之事，当得知工程已完成了一半时，太后一向冷峻的脸稍有喜色："快了！有坚固的城墙护佑，儿子的龙椅不是稳多了吗？"当晚由于心情好，吕太后早早地就寝了。夜里，她被嘈杂的人语声惊醒了，太后厉声道："来人！出什么事了？"一宫女应声道："回太后，未央宫凌室起火了。"太后一惊，慌忙披上衣服到寝宫外观看，一太监看到太后急忙上前禀报："太后勿急，火势已经控制了。外面天凉，您还是回宫歇息吧！"太后再也难以入睡了，她觉得奇怪，凌室是储藏食物的地方，又潮又冷，按常理是很难起火的，该不会是老天爷在暗示什么吧？人常说"祸不单行"，第二天，供奉宗庙衣服的织室又起了大火。这难道是暗示要断绝祭祀吗？吕太后想到了病弱的惠帝及刚刚十岁的张皇后，忧愁顿时占据了她整个心。

宫内着火的事，被传得沸沸扬扬，说什么的都有，有人说是母鸡司晨阴阳失调，也有人说是戚夫人母子在喊冤，还有人说是大动土木，天戒如此……

这些说法，吕太后尽管不能知其详，但她从人们唯唯诺诺、闪烁其词的回答中已明白了。唉，她叹息道："要是我儿子能像先皇那样，我何苦要杀这个防那个。女人当家真是有说不出的苦衷。""做件善事应应天意，也堵一堵人们的嘴，为儿子积积福。"吕太后想。她吩咐奏报已到婚配年龄的宫女的名册。不日，宫女名册放到了太后的案几上，太后令负责此事的宦官择容貌娇好、品行端庄之宫女，赠高祖庶生的儿子各五人。

窦姬在被选之列。窦姬家在清河观津，属赵国管辖，因此，窦姬特别希望能让自己去赵地侍奉赵王，这样也许能打探到久无音信的家人的消息。窦姬暗暗地把自己好不容易攒下的银两，全部送给了主事的太监，请他务必帮忙把自己的名字划入去赵国的名册中，主事的太监看着这些银子，心想：这丫头还挺懂事理。于是满口答应了窦姬。窦姬的心已飞回了清河。

不知道是主事的太监忘了窦姬的托付，还是在分派宫女的哪个环节上出了差错，总之在宫女的分配名单上，窦姬被分到了代国。临行前窦姬才知道自己被送给了代王。她绝望极了，哭泣着不愿去代地，晋阳与清河相隔千里，路远地遥，入了代王宫，这辈子就再也别想回家乡，见亲人了。然而圣命难违，一个小宫女的眼泪是改变不了王命的。任凭窦姬如何哭泣，几个太监连吓带哄，强行把窦姬塞进了去代国的宫车中。一路上忧闷哭泣的窦姬，怎么也不会想到，到了代国她的命运就发生了戏剧性的转变。

代王刘恒，是汉高祖的第四个儿子。汉高祖十年（公元前197年），赵相陈豨在代地谋反，汉高祖亲率大军前往代地征讨陈豨。汉高祖十一年（公元前196年），高祖平定了陈豨的谋反。鉴于赵、代两地土地辽阔，且又远离京都，统一管辖多有不便，于是把赵国常山以北的地区划为代国，立刘恒为代王。刘恒为人内敛，做事不喜张扬，以贤德著称于朝廷。正是由于他有这样的优点，加之代地离京都较远，他有幸被吕太后圈在了"异己"之外。当朝中吕氏集团为争权夺利，尔虞我诈、杀戮无辜的时候，刘恒和母妃却能在代地置事世外，心静如水地过着平淡的日子。这次刘恒得知太后的"赏赐"时，甚感意外，这些年来他和母亲远离宫廷，相依为命，只求平安无事，哪敢奢望恩赐，他立刻上表叩谢太后恩典。

代王王后是个贤德之人，很受代王敬重，可能是连年生产的缘故，王后身子骨病弱，侍奉代王常感力不从心。代王是个很温和的人，从没因此有过任何抱怨，这反倒使王后更加觉得对不起代王。这次她听说吕太后赏赐了代王五位宫女，她从心里替代王高兴，她长长地舒了一口气，仿佛搬掉了压在胸口的一块石头。她吩咐下去，要把代王宫里里外外打扫一遍，张灯挂彩迎接五位宫女的到来。

皇宫本来就是美人如云，何况这五位宫女又是精挑细选出来的。代王王后什么世面没见过？可她还是忍不住为之惊艳，或许是相形见绌，她心里略微有些妒意，但她还是发自内心地恭喜代王。代王刘恒审视着五个姿色出众的宫女，不知是窦姬美丽优雅的气质吸引了他，还是窦姬忧郁的神态使他动了恻隐之心，总之，最后他把眼光锁在了窦姬身上。在代王充满爱意的注视下，窦姬显得局促不安，她慌乱地不知道应该把眼光投向何处……

是夜，代王刘恒即垂幸了窦姬。窦姬身体修长而纤细，皮肤光滑而清纯，代王看着眼前的佳丽，异常兴奋，热血沸腾，他深吻着窦姬，像一个长久失去了土地的农夫，突然间发现了一块肥沃的、未开垦的处女地一样，他珍惜而急切地开始了耕耘……窦姬在惊恐和羞涩中，体味了初为人妇的滋味。

早晨，窦姬在代王温存的亲吻中醒了过来，窦姬轻声问："代王要起床吗？"代王温和地笑着摇了摇头，伸手把窦姬揽进了怀里。窦姬顺从地依偎着代王，她第一次听到男人有力的心跳声，这心跳声使她感到有了依靠。

窦姬成了代王的宠妃。

代王宫女主

窦姬来到代国已经几年了，现在的窦姬已是三个孩子的母亲，她不仅习惯了代王宫的生活节奏，更是取得了代王宫上上下下所有人的信任与尊敬。王后病逝后长时间以来，窦姬一直在打理王宫的内务，所以，王宫里的人都从心里认为窦姬是最合适的王后人选。于是在王太后薄氏的提议下，窦姬顺利地成为了代王宫的女主人——王后。

窦姬并没有因代王的宠爱恃宠而骄。她内敛、不事张扬的个性使她仍旧小心翼翼，处处守礼，做起事来面面俱到，她谦卑恭敬地对待王后，细致周到地侍奉太后，甚至对王后的儿子们都恭敬有加。她心里非常渴望与代王独处，她喜欢被代王宠着、爱着的那种感觉。自从失去母亲后，她就再也没有过被人疼、被人爱、被人体贴、被人宠的日子，上苍眷顾她，给了她代王，能和代王相伴朝夕，她觉得自己像进了天堂。她有时对着镜子里的自己问："这是窦姬吗？窦姬也可以这样幸福吗？"可她知道，代王不是自己一个人的，他还有王太后、王后及另外的姬妾，要想使幸福永驻，自己就必须努力让代王宫内一团和气，她总是提醒代王或是与代王一同去问候王太后。她常顾全大局地对代王说："您不能老宠着我，王后是您的结发之妻，您要常去她那里走动，还有其他的姐妹您都不要冷落了她们。"窦姬的安分、克己与守礼，不仅使代王更加疼爱她，同时也赢得了王太后、王后的认同和好感，整个代王宫对窦姬的赞誉声一片。

自窦姬怀孕后，窦姬一直沉浸在要为人母的喜悦中，她变得更加克己，她常以自己有身孕不方便侍奉代王为由，让代王去王后或其他姬妾的房里。她天天都到王太后那儿请安，陪王太后唠嗑、喝茶，有时也做些女红。

王太后，姓薄。其母亲魏媪原是魏王宗室的女儿，魏国灭亡后，落难到民间，嫁与吴国人薄氏为妻，生下了薄姬。魏媪曾让当时有名的相师许姆为薄姬看相，许姆言薄姬当生天子。魏王豹自立为魏王后，魏媪想方设法把薄姬送入了魏宫。由于薄姬生得俊俏、性情温和，深得魏王宠爱，又加之魏王听说薄姬能生龙子，一时间薄姬成了魏王的专宠，希望能在薄姬身上播下龙种，得到龙子。魏王相信自己的宠姬能生龙子，就在楚汉相持的关键时刻，背汉中立，随后又与楚王联合。汉王听说魏王叛汉后，先是派人去向魏王豹晓以利害，试图说服魏王豹，但魏王豹一点回心转意之心也没有。自汉军彭城失利后，魏王便对汉军失去了信心，何况他的薄姬有生龙子的命，他何苦要依附汉王呢？汉王在劝降未果的情况下，立即调兵遣将，派韩信率曹参、灌婴等前去灭魏。魏王豹被俘，汉王把他所有的封地都改为郡，他的家人全部入汉宫为奴，薄姬被送入了织造府。

魏王豹死后，有一天汉王偶然来到织造府，薄姬与生俱来的贵族气质、婀娜多姿的身材以及无以言表的美丽，吸引了汉王的视线。汉王召薄姬前来问话，薄姬得体的回话及优雅的举止更是让汉王心荡神摇，汉王即刻下诏，把薄姬收入后宫。当时汉王有要事在身，加之后来楚汉战事吃紧，汉王早就把薄姬忘在了九霄云外，一年多也没有宠幸薄姬。

汉王的皇宫里还有两位来自魏王后宫的姬妾，她们在魏王宫时与薄姬感情甚好，三个人曾一起立下盟约："以后不管谁富贵了，都不能互相忘却，三个人一辈子都要做好姐妹。"这两位姬妾入汉宫后，相继都得到了汉王的宠幸，只有性情文静、与世无争的薄姬还没有得到汉王的宠幸。有一次，汉王坐在河南宫的成皋台上，两位姬妾谈起了当初与薄姬的约定，毕竟是姐妹，嬉笑之余有些怜悯薄姬。汉王听到后，动了恻隐之心：后宫的女人不就是为我而活着吗？他想起了薄姬的美貌及优雅的姿态，这样的美人我却冷落了她，汉王心中有些伤感，觉得薄姬好可怜，当即决定召幸薄姬。

汉王来到了薄姬处，一宫女看到汉王，马上要禀告薄姬，被汉王示意制止。汉王好奇这个被冷落了的美人，平常都干些什么。他悄悄地来到了薄姬的寝宫。薄姬正专注地做着女红，以至汉王走到了跟前都没察觉："做什么呢？"汉王的问话把薄姬吓了一跳，手里的活计也掉在了地上："陛，陛下，臣妾不知……"汉王弯腰拾起了掉在地上的东西，是一个绣着一对鸳鸯的漂亮荷包。汉王笑着说："爱妃真是巧手！"薄姬仍然没有从惊愕中回过神来，一年多来她独自安静地打发着时间，原本以为就这样熬掉自己的生命。汉王的突然来到，使她有种恍惚在梦中的感觉，难道是昨晚那个梦带来的吉兆？汉王见薄姬若有所思，问道："爱妃在想什么呢？"薄姬道："臣妾在想昨夜的那个梦。"汉王问："爱妃做了什么好梦？"薄姬回禀道："昨天夜里臣妾梦到有一只苍龙盘踞在我的腹上。""难道是天意要让这个女人生龙子吗？"汉王想着，对薄姬说："这是个大吉的梦，本王就是条龙！"汉王把薄姬抱了起来……

　　说来也真是天意，在魏王后宫那么久，且享受专宠的薄姬一直也没怀上一男半女，而与汉王仅一次云雨即生下代王刘恒。

　　由于薄姬很少得到汉高祖的召幸，高祖去世后，吕后对那些常侍寝高祖的宠妃，禁的禁、杀的杀，极尽报复之手段。而对薄姬则有同病相怜之感，遂放薄姬出宫，跟随儿子到代国，成为代王太后。

　　王太后薄氏觉得窦姬的命运类同自己，尽管坎坷无数，却也有幸运伴随。就说这窦姬吧，幼年丧失父母，孤苦伶仃，无依无靠，小小年纪就要撑家过日子，可幸运之神一直牵着她的手，先是把她送入皇宫，继而又把她送到了代国，使她成为了恒儿的宠姬。就连窦姬安静、内敛、沉稳的性格也与自己十分相像。王太后心里这样想着，不觉又对窦姬增加了几分怜爱，她常常教窦姬识字，帮窦姬熟悉宫廷礼仪，而窦姬的聪慧又使王太后赞叹不已。

　　第二年，窦姬生下了长公主刘嫖。虽说刘嫖是个女儿，但她是代王宫里的第一个公主，她不仅受到了代王及窦姬的喜爱，同时也受到了王太后、王后的喜爱。窦姬尽情地享受着初为人母的喜悦，安心、舒适地过着她的王妃生活。就在窦姬生下长子刘启的这年，汉宫中发生了一件大事，汉惠帝刘盈病逝了。

　　惠帝死的那年八月，天一直阴沉沉地下着雨，秋天凄冷的感觉使吕太后觉得度日如年。在吕太后眼里，儿子惠帝善良得有些窝囊，但儿子毕竟是她唯一的希望和依仗，只要有儿子在，这天下不管姓什么都是她说了算，可现在儿子没有了，她有了一种被遗弃的感觉，无依无靠，没着没落。她自己都说不清楚为什么自从没了儿子，她面对满朝文武大臣时总觉得有些不自在，这种感觉让她很不舒服，觉得懊恼。她知道，当初残害戚夫人母子时已引起了刘氏子孙及满朝大臣的不满，现在儿子又没了，她担心朝中的局势自己究竟能掌控多久，自己百年之后吕氏子孙命运如何。她不愿想，不敢想，可又不得不想。她常被噩梦惊醒，醒来便大汗淋漓，心有余悸，再也无法入睡。极度不安使吕太后寝食难安，思来想去，她决定一不做，二不休，在朝中培植吕氏家族的势力，给吕家人封侯晋爵，让吕氏人自己掌握自己的命运。封侯的事尚且好办，可封王的事办起来就有些棘手，因汉高祖刘邦为了确保刘氏江山千秋万代，曾与大臣们共同订立了"白马盟誓"。

汉初，吕后设计杀彭越、韩信，使汉高祖看到了吕后刚毅、残忍的一面，他担心自己百年之后，吕后会控制软弱的太子，把天下变成吕氏的天下。加之这些年不断有异姓王反叛朝廷，汉高祖为如何能使刘氏子孙稳坐天下，殚精竭虑思索良久。最终高祖决定仍采用西周的"封建亲戚，以藩屏周"的办法来捍卫大汉江山。在平定了臧荼、彭越、韩信、英布等异姓王的叛乱之后，汉高祖召集众大臣，让礼官挑选了一匹身姿雄健、毛色洁白无瑕的纯种白马，刑杀之后和群臣歃血而盟："非刘氏而王者，天下共诛之。""刑白马盟誓"规定的非刘氏子孙不得称王，成了汉初的一种法定制度。

"刑白马盟誓"又勾起了吕后对高祖的许多怨恨。当戚夫人一心想让高祖立自己的儿子刘如意为太子的时候，要不是张良出主意请出"商山四皓"，还有朝中耿直之臣极力反对，惠帝刘盈的太子之位早就易主了；当她为杜绝后患要除去刘如意时，她所派到赵地的使者被赵相周昌连挡三驾，使她不能如愿以偿，她就已经领略了高祖的老谋深算；当她欲王诸吕时，"刑白马盟誓"又成了她的绊脚石。这次她是彻底明白了，高祖对她这个结发妻是机关算尽处处设防啊！她在心里恨恨地说道："好啊！先帝啊先帝，我跟着你担惊受怕、吃苦遭罪了大半辈子，你却处处与我过不去，想管束我，没那么容易！"

吕太后打算先投石问路。她召集大臣们商议设立吕氏为王的事。

右丞相王陵首先反驳道："高皇帝曾杀白马，并与朝臣们立下盟誓，'非刘氏而王者，天下共诛之'。太后如果要封吕氏为王，那就等于违背了先帝与我们的盟誓。"吕太后阴沉着脸，很不高兴。周勃见吕太后面有怒色，知王陵的丞相之位将要不保，为了保存力量，他向陈平使了个眼色后说："高皇帝平定天下后，封刘氏子弟为王，而如今太后在行使着天子的权力，太后如果要封吕氏为王，这也没有什么不可以的。"吕太后听了周勃的话脸上才涌现出了喜色。退朝后，耿直的王陵怒气冲冲地责备周勃、陈平："当初和高皇帝歃血盟誓的时候，难道你们没在场吗？现今高皇帝不在了，太后成了临朝执政的女主，一心要封吕氏为王，你们身为高皇帝的老臣，不但不加以阻止，还要阿谀奉承去迎合她的私欲，违背曾与高皇帝定下的盟誓，我看将来你们俩有什么颜面去见高皇帝！"周勃和陈平好像早已料到似的，他们听了王陵的话并不生气，两人笑了笑说："在朝廷上据理力争，直言进谏，我俩比不上您，但将来安定大汉天下，保全刘氏子孙，您可能就不如我们了。"王陵一时捉摸不透他俩的用意，心里仍在生气，可嘴上没再说什么。没过多久，吕太后拜王陵为少帝的太傅，夺了他右丞相的实权。

吕太后以追封郦侯吕台父亲吕泽为悼武王为前奏，拉开了封诸吕为王侯的帷幕。

吕太后明白，随着诸吕王侯的分封，刘家对吕家的怨恨会越来越大。她也常常担心，吕氏毕竟是外戚呀！汉朝是刘氏的天下，她百年之后，现在那些敢怒不敢言的朝臣们一定会助刘氏子孙的。到那时，吕家人岂不大难临头了吗？既然对野蛮强悍的匈奴人都可以用和亲的办法去笼络，那刘吕两家也结成姻亲吧！她心中暗暗盘算着怎样把刘吕两家的孩子配起对来。不久，吕太后便把吕禄的女儿嫁给了朱虚侯刘章。又过了些时候，吕太后又下诏让赵王刘友也娶了吕氏的女儿。

赵王刘友所娶的吕王后，不仅心胸狭窄多妒，而且喜欢搬弄是非，搞得刘友后宫鸡犬不宁，刘友为此异常生气，因为是吕氏的女儿，碍着吕太后的面子也不敢怎样责骂她。刘友曾试着好言劝导，哪知这位吕王后不但不听劝，反而变本加厉，更加嚣张："王爷有什么了不起的！是不是王爷，还不是我们吕家人说了算！你要是再和那些狐狸精厮混，看我不禀告太后！"刘友气怒之下摔门而去，从此再也不去吕王后那里了。吕王后想到刘友让自己独守空房，其他姬妾却是夜夜笙歌，妒火使这位吕王后愤然离开了赵国，千里迢迢赶回了长安城，到吕太后面前绘声绘色地诽谤起刘友来："那赵王对您分封吕氏为王侯心存不满，他曾经说：'吕氏怎么能封王！太后这么做违背了白马盟约。走着瞧，太后百年之后，看我怎样收拾他们。'"太后听了大怒，即刻下诏，召刘友来京。当刘友匆匆地赶到长安后，吕太后下令将刘友囚禁在京城赵王的府邸中而不召见他，并派了护卫队围守赵王府，不准任何人供给刘友饮食。刘友的臣下，看着王爷就要这么给饿死，许多人都暗自落泪，有人偷偷地给刘友送了些食物，立刻就被太后抓起来行刑问罪。几天下来，刘友已饿得气若游丝，他想到了父皇，不禁为父皇悲哀，他泪流满面："父皇啊父皇，儿臣对不起您！刘氏的江山已落在了吕氏手中，吕家人胁迫儿臣娶她家的女儿为王后。我受这女人陷害就要饿死了，父皇啊，儿臣真是没脸面到九泉底下见您啊！吕氏家族已丧尽了天良，您的儿孙们将被残害殆尽了呀，父皇！您如果天上有知，一定要帮儿臣们铲除诸吕，父皇！父皇！您听到了吧！"极度的虚弱与伤心，使刘友昏厥了过去。第二天，这位饱读诗书文章的王爷，怒目圆睁，双手抱腹，双腿弯曲，被活活地饿死了。吕太后得知刘友的死讯后，仍盛怒未消："刘友谋逆之心昭然，不得以王爷之礼埋葬。念其为高皇帝的儿子，就按平民之礼埋葬吧！"刘友，一个王爷，一个高皇帝的亲生儿子，他的坟墓成了长安郊外众多不起眼的百姓坟墓中的一个。

刘友死后十来天，发生了日食，白天变得和夜晚一样。异常的天象使人们惊恐异常，惊恐之余人们私下里窃窃私语："老天警告太后哩，刘氏子孙快被她杀绝了！""这是赵王刘友显灵呢！他死得太冤了……"吕太后对出现异常的天象，非常讨厌，她这些天一直郁闷，她觉得这天象是冲她来的。但吕太后并没有因为天象异常而停止对刘氏子孙的排挤和迫害。刘友死后，赵王的王位出现了空缺，谁去赵国，吕太后心中早已有了主意。因戚姬的儿子刘如意曾被封为赵王，赵国始终是吕太后心中的一道坎，又有这次刘友的事，吕太后一想到赵国心中就会无比的烦躁，所以赵国无论如何也不能叫吕家的人去。思来想去，吕太后决定让梁王刘恢去赵国，而把吕王吕产改封为梁王。

刘恢被封为赵王后，嘴上没敢说什么，可心里一肚子怨气：且不说赵国比梁国偏僻，单说那吕太后凭什么把父皇给我的封地取消？

吕太后知道刘恢对改封一事不满，就与吕产商量着把吕产的女儿嫁给刘恢做王后，这样一来既可笼络、安抚刘恢，又可以在刘恢跟前放一眼线，控制刘恢的一举一动。刘恢刚到赵国不久就违心地与吕产之女结了婚。结婚后，王后的随从官员都是吕氏家族的人，这些吕家人在赵国大权独揽，飞扬跋扈，并暗中监视刘恢，使刘恢不得随意行动。刘恢在娶吕王后之前，就有一个宠爱的姬妾，吕王后到赵国后不许刘恢接触其他的姬妾。刘恢起初还念着她是吕家的女儿让她三分，但王后的专横与狠毒，常常使他想起吕太后，因此，每一次与王后相处他就会感到很压抑，没有一点快乐可言。时间一长，他不免想念那位温柔如水的宠姬，他开始偷偷地去那位宠姬那儿。宠姬慢声细语地劝导，轻盈洒脱的舞姿，细致入微的关爱，使刘恢身心放松，自由舒展，一切的烦恼全部抛到了九霄云外，他自语道："这才是我的家！"

刘恢只要打理完王国事务，就会不由自主地来到宠姬的住处，时间久了，秘密也就变成了公开。王后知道以后恨得咬牙切齿，她明目张胆地派人毒死了宠姬。宠姬死后，刘恢悲痛欲绝，他作了四章怀念宠姬的诗，让王府的乐工们演唱。哀怨的乐曲声使刘恢常常失声恸哭，他想到了父皇，想到了母妃，想到了被吕太后害死的兄弟。当年每遇大庆或是家宴，他们七八个皇子围在父皇膝下，那是何等的幸福和热闹啊！现如今却物是人非，八位兄弟仅有四兄弟在世，还要整日过着提心吊胆的窝囊日子。连自己的爱姬都保护不了，这哪是王爷们过的日子，连平民百姓都不如。与其这样在人间苟延残喘，还不如自行了断早日去见父皇、母妃！他喊着爱姬的名字，声泪俱下："你一个人上路太孤单了，你别走得太快，我马上就来。"

刘恢死后，吕太后非常气愤："哪有这样的王爷！为了一个女人连祭祀宗庙的礼仪都不要了吗？真是不成器！"吕太后一气之下，废除了刘恢后代的王位继承权。可赵国不能无主啊！吕太后又在心里盘算来盘算去。也许是近来体力不支，吕太后觉得自己老了吧？也许是皇子接连的死亡让她动了恻隐之心？也许是对不事张扬的薄姬母子的好感？总之，说不清为什么，吕太后想到了地处边陲的代王刘恒。当即，吕太后即遣人去了代国。

却说窦姬来到代国一晃已经几年了，现在的窦姬已是三个孩子的母亲了，她不仅习惯了代王宫的生活节奏，更是取得了代王宫上上下下所有人的信任与尊敬。多病的王后放心地将打理王宫内务的事交给了窦姬，窦姬没有辜负王后的托付，把代王宫方方面面打理得有条不紊。就在窦姬生下小儿子刘武的第二年，代王宫里出了一件大事：体弱多病的王后在生下了第四个儿子之后没多久便撒手人寰。

王后去世时，代王刘恒刚二十出头，在代王宫里除了去世的王后，生儿育女的姬妾就窦姬一个人，又因为长时间以来，窦姬一直在打理王宫的内务，所以，王宫里的人都从心里认为窦姬是最合适的王后人选。于是，在王太后薄氏的提议下，窦姬顺利地成为了代王宫里的女主人——王后。

这天，窦姬正带着孩子们在王太后处请安，代王刘恒来向王太后回禀长安使节来代国的事。刘恒说："这些年来我们在代地的生活环境、生活条件虽然没法和其他的封国相比，可我们也算是'因祸得福'，我们一家人和和睦睦、平平安安。赵国尽管各方面都强于代国，但三个赵王的惨死，不能不使儿臣有所顾忌，我想吕太后对赵国也不会无忌讳吧！所以，儿臣认为赵国是危险之地，不去是上策，不知道母亲怎么看？"王太后觉得儿子说得有理，就说："如果王后也这么认为，那就依你之见。"窦姬听完代王的话，心里早就企盼着王太后能够首肯，正担心王太后不同意的窦姬，听到王太后的话，赶忙说："一切都由王爷和太后作主。"

刘恒主意已定，立即修书一封，信中极尽对吕太后的思念之情之后，再三言谢，并申明只有为太后守好边陲，才能报答太后的厚爱。刘恒热情款待了使者，还为使者准备了厚礼，一而再再而三地拜托使者在太后面前成全自己。那使者在代王宫里受到了刘恒的丰厚待遇，自然满心欢喜，回长安回禀吕太后时，把刘恒如何思念太后，如何孝悌，如何敦厚仁慈……不显山、不露水地夸了又夸，最后，使者把刘恒的信呈给了太后。刘恒这封言辞恳切的信，着实让吕太后感动了一回，吕太后于是就打消了改代王为赵王的念头，封吕禄为赵王。

当代王刚刚为改封的事静下心来，紧接着又发生了一件让刘氏人心痛的事：代王刘恒最小的弟弟燕王刘建，年方十八，身体强壮，体魄魁梧。当年燕王卢绾投降匈奴后，高皇帝就封小儿子刘建为燕王。因燕地气候寒冷，加之与匈奴毗邻，燕地人喜欢习武，刘建自小就受到了燕人飞马骑射的熏陶，练就了一身好功夫，特别精于骑术和射箭，喜欢打猎。一次，刘建带着人马去野外捕猎，刚半个时辰，几只猎物已成了他箭下之鬼，刘建兴奋得策马飞奔，不一会儿，刘建已是大汗淋漓，口渴难耐。他勒住马缰转身向侍从讨水喝，谁知那班侍从早被他甩得无影无踪了。刘建脱去棉衣，下马找到一个小水沟，用手捧起来就喝，冰凉的河水下肚后，刘建微觉有些凉意，但他觉得清凉爽快好不惬意，并未马上穿戴整齐，直到侍从气喘吁吁地赶上他，才大呼小叫地劝他穿上了衣服。打猎回来，刘建就有些小咳，夜里便开始发热，他仗着自己身板儿好并未求医吃药。不料几天后，刘建已是烧得不省人事，胡话连篇，咳嗽不止，出气已显急促。燕王宫里的人这才慌了手脚，到处寻好医、找好药……可再好的医药也未能留住刘建的性命。

刘建死后，吕太后认为又抓住了一次给吕氏人封王的机会，她暗地里派人刺杀了燕王刘建年仅几岁的儿子。然后，以燕王无子嗣为由，顺理成章地又封了一个吕氏王爷——燕王吕通。

刘恒伤心地把这件事告诉了窦姬，窦姬听罢也不免暗自伤心落泪。刘氏宗族真是多灾多难啊！想当初八个兄弟，眼下仅有代王和淮南王了。她在心里祈求上苍保佑刘氏的这两脉骨血！

没多久，吕太后病重的消息就传到了代国，代王更加忧心忡忡。眼下吕氏宗族势力强大，万一吕太后去世，吕氏必然要取得刘家天下。这些年为了逃避长安的是是非非，他不仅未与朝中的任何老臣有联系，就连这世上仅存的唯一兄弟淮南王刘长也是音信全无，更别说了解他们的心思了。刘恒揣摩着，太尉周勃、丞相陈平、大将军灌婴这些人都是先皇的忠耿之臣，按理说可以依仗，可这些年来他们俯首于吕氏的统治，又让人难以捉摸……

与此同时，远在千里之外的长安，陈平听取了陆贾的建议，正在为捍卫刘氏的天下"明修栈道，暗度陈仓"。

三、荣升皇后

二进汉宫

在颠簸的马车上，窦姬思绪万千。她想到了初次入宫时的伤心与无助，想到了去代王宫车上绝望的哭泣，想到了代王宫几年的幸福美满生活。这些年来，无论她身处何地，命运之神总是对她不离不弃，常在不知不觉中轻牵她的衣角，把她引向幸福、高贵的顶峰。

促成陈平和周勃这对忘年交结成反吕共同联盟的缘由起于朱虚侯刘章。

朱虚侯是齐悼惠王刘肥的儿子。刘章，体魄强壮，颇有高皇帝遗风，是宫中的护卫。他常常与弟弟东牟侯刘兴居在一起对吕氏称霸朝野而愤愤不平。刘章一直在寻找着为刘氏出气的机会。因刘章的妻子是吕禄的女儿，在吕太后心里，刘章自然比其他刘氏子弟多了几分亲近。一次，刘章侍奉太后饮宴，太后看到在座的大部分都是娘家人，心下高兴，便令刘章为行酒吏。刘章此时在心里已为宴席中吕姓王侯坐了大半儿而气恼异常，听太后一说，便灵机一动计上心头。刘章恭敬地拜了太后，请求说："儿臣是武将的后代，请太后允许我按军法行酒令。"吕太后兴致正浓，未加思索，便爽快地答应了刘章的请求。刘章似猎鹰一样扫视着在座的每一位吕家人，当酒行几遍后，人人都面红耳赤，略带醉意，刘章又请求太后，要求献上歌舞助兴。吕太后看着一表人才的吕家女婿，眼里充满了疼爱的目光，她笑问："你还能歌舞？"刘章说："儿臣为太后唱首耕田歌。"吕太后心想：真是个孩子。就问他："想必是你父亲知道种田的事。你从一出生就是王子，怎么可能知道种田的事呢？"刘章说："儿臣知道。"吕太后像哄孩子一样："好——那你就给我说说种田的事吧！"刘章便唱道："深耕密种，留苗稀疏，不是同类，坚决铲除。"吕太后听了心中有些不快，坐在那儿沉默不语，在座的大臣及刘氏子弟都暗自为刘章捏了一把汗。大家担心地看着刘章，刘章一脸的童真，没事似的继续做他的行酒令。当众人刚刚把悬着的心放下来，刘章紧接着又办了一件让吕家人瞠目结舌的事。

吕氏的族人中，有一人不胜酒力，偷偷地逃离了宴席，刘章哪里肯放过他，三步并作两步地追上了他，没容他说话便剑起头落，斩杀了他。然后，回到酒宴上向吕太后禀报说："方才有一人逃离酒宴，儿臣谨遵太后之命，按军法把他斩首了。"吕太后和席间的人闻听此言都大吃一惊。吕太后一时间也不知该说什么好。一来刘章是她吕家的女婿，平常里对吕家的女儿百依百顺，恩爱无比；二来今天是自己当着众人准许刘章按军法行酒的，这会儿也无法治他的罪。吕太后强忍着怒气令饮宴结束。吕家的人不欢而散，心里忐忑不安。高皇帝的老臣及刘家的人在心里欢呼雀跃：终于出了一口恶气！

陈平自酒宴上回来暗自欢喜，但欢喜之余不免有些自责："高皇帝在世时是多么地相信自己，每遇重大之事常与我商量，对我的建议言听计从，临终之时还把丞相之位委任于我，可我对得起高皇帝吗？为了自保，任吕氏横行朝野，眼睁睁地看着高皇帝的子孙一个个地倒在吕氏家族的屠刀之下。"陈平想着想着不觉已泪流满面："先帝啊！臣辜负了您的重托，臣有愧啊！"陈平自酒宴之后一直心情沉重，郁郁寡欢，他寻思着怎样才能安定刘氏天下。正当他愁眉不展之时，一个人来到了他家。

这个人就是陆贾。陆贾因口才出众，以幕僚的身份随从高祖平定天下。陆贾常在高祖跟前谈论《诗》《书》等儒家经典，高祖一听到这些，就很不高兴地对他大骂："老子的天下是骑在马背上东征西战打来的！不是靠《诗》《书》读出来的！"陆贾也据理力争："您是在马背上得到的天下，难道您也要在马背上治理天下吗？汤、武二王都是以武力征服的天下，然而他们却是顺应形势以文治守成。文武并用是国家长治久安的最好办法。吴王夫差、智伯都是由于喜欢炫耀武力而导致国家灭亡；秦朝也是不知更改地一味地使用酷刑严法，最后导致国亡。如果秦始皇统一天下后便实行仁道，效法先圣，那么，皇上您如何能取得天下呢？"听完陆贾的一席话，高祖面露愧色，于是就对陆贾说："那就有劳您把秦朝之所以失去天下，我们之所以得到天下及历代各王朝兴衰的原因好好地总结一下吧！"就这样，陆贾奉旨认真总结和论述了各王朝兴衰存亡的原因，共写了十二篇，高祖看罢赞不绝口，并把这十二篇文章辑成一书，起名《新语》。

孝惠帝时，吕太后掌权用事，诸吕称霸朝野，气焰嚣张，陆贾颇为不满，借故称病告老隐退。尽管在家闲居，但陆贾无时无刻不记挂着朝廷，千方百计地为刘氏天下的安定，周旋于朝中诸臣之间。

这天，陆贾来到了陈平府上，陆贾说："丞相身居要职，又是食邑三万户的列侯，所享受到的荣华富贵已到了无以复加的地步，按理说您已经没有什么不满足的了。若要说有什么事能使您这么忧愁的话，我猜想这一定是担心诸吕夺了高皇帝的天下。"陈平见陆贾一语道破，就趁势询问道："您猜对了！可这事该怎么办才好呢？"陆贾说："天下太平无事的时候，要注意丞相；天下动荡的时候，要注意大将。我认为时下如果您能和太尉配合默契，朝中百官就会像百川归海一样归附于您二位。如此一来，即便万一发生了意外的事情，汉朝刘氏的基业也不会动摇。换句话说，国家的稳定与否完全仰仗您和太尉了！"陆贾的话引起了陈平的重视，是啊！我为什么不和太尉交好，建立起亲密无间的关系呢？想到这里，陈平赶忙向陆贾讨教对付诸吕的方法。

依陆贾之计，在太尉周勃的寿宴上，陈平带了五百金的厚礼来为周勃祝寿，周勃高兴地准备了盛大的歌舞宴会来款待陈平。过了几日，周勃同样带了五百金到陈平府上回访。两人敞开心扉，促膝深谈，对朝局、对诸吕……两人无话不谈，不谋而合，不知不觉间两人已成了至交密友，建立了非常和谐、亲密的关系。朝中诸臣看到丞相和太尉来往频繁，觉得过日子有主心骨了，心中暗暗高兴，诸吕的气焰也因此收敛了许多。

吕太后的病情愈来愈重，疼痛使她时昏时醒，清醒时她想到自己身后没有儿女送终，那种凄凉和孤独比病痛还让她难受。她有时会在心里自我责备：是我做事太过头了，老天在惩罚我呢！有时她又想：老天对我太不公道了！让我没儿没女，我总不能无所依靠吧？她这样想着，又觉得封吕氏的人做王、做侯是理所应当的。吕太后在弥留之际，仍在为吕家人的未来殚精竭虑，她要使吕家的人握有兵权，这样才可以预防不测。她任命赵王吕禄为上将军，统领北军，吕王吕产统领南军。并再三叮嘱吕禄、吕产说："高帝平定天下后，曾和大臣们立下'不是刘氏子弟称王的，天下人共诛之'的盟约。现在吕家的人被封为王，朝中诸臣多心存不满。假如没了我，皇帝还年幼，我担心

周勃宴请陈平

大臣们要作乱。所以，你们一定要紧握兵权不放，保卫皇宫，千万不能为我送葬而离开皇宫，那样，皇宫就要被别人控制了。"吕太后留下遗诏，以吕王吕产为相国。

吕太后安葬后，吕氏的人想趁服丧期间，朝中大臣无所防备，而杀掉刘氏及刘氏家族的忠臣，只因畏惧手握重兵的太尉周勃、大将军灌婴等人，才暂时未敢妄动。朱虚侯刘章从他妻子的嘴里，打探到了诸吕的阴谋后，吃了一惊。自己身在长安，他担心自己首先会成为吕氏人的板上之鱼，心中焦虑万分。可刘章在京城又找不到可以知心交谈、商量的人，因为刘氏家人及朝中诸臣，这些年来为了远避祸端已很少往来了。刘章思来想去也只有亲哥哥齐王刘襄可以依仗了。他暗中派人联络哥哥刘襄发兵西进，诛杀诸吕，自立为帝。他和弟弟东牟侯刘兴居在宫中联络朝中大臣作内应。

齐王听到这个计策后，就和舅舅驷钧、郎中令祝午、中尉魏勃暗中谋划出兵。齐相召平听到了这件事后，认为这是谋反，拒不服从齐王的命令，齐王准备派人谋杀召平，召平于是带兵围了王宫，齐王派魏勃设计除去了召平，又派祝午到琅邪国诈骗刘泽：吕氏族人叛乱，齐王想西进平乱。齐王认为自己年轻，且不熟悉战事，您在高帝时就担任将军，熟悉战事，齐王愿把整个封国托付于您。非常时期齐王不敢离开军队，故派我前来请大王您到临淄商议大事，一起领兵西进平定关中之乱。琅邪国刘泽觉得自己是长辈，晚辈有急事相求，理应帮忙，况且对诸吕刘泽早已是心存怨愤，于是刘泽便随使者匆匆去了临淄。刘泽到了临淄就被齐王软禁在了齐国。然后，齐王假借琅邪王之命，掌握了琅邪国的全部军队，两国联军一起发兵向西进攻。同时，齐王向各诸侯国发出了讨吕檄文。

齐王发兵西进的事很快就传到了长安。国相吕产派大将军灌婴带兵东进拦击齐兵，灌婴受命带兵东进，一路上他都在考虑该如何处置这场战事。到了荥阳，灌婴和将士们商量道："诸吕拥兵关中，图谋颠覆刘氏而自立为帝，我现在如果打败了齐国，就等于给吕氏增加了实力。"诸将闻言都点头称是，于是决定把军队留驻在荥阳。灌婴一边派人把停军荥阳之事告知太尉周勃，一边派出使者告知齐王及各国诸侯，愿与他们联手，且等吕氏发动叛乱再诛杀他们。齐王得知灌婴的打算后，就带兵返回齐国的西部边界，等待履行与灌婴的盟约。

灌婴东进后，吕禄、吕产就商量着在关中发起叛乱。但对他们来说，长安城中他们害怕太尉周勃、朱虚侯刘章等人，长安之外他们又害怕齐王所率领的两国联军。同时，他们又担心大将军灌婴背叛他们，所以想等到灌婴的军队与齐王交战后再行起事。

因吕禄、吕产掌握着南北二军的兵权，周勃不能进入北军军营主持军务。正在周勃苦于无计时，有人告诉周勃曲周侯郦商的儿子郦寄和吕禄私交甚好。周勃与陈平商议后，就派人威胁强迫郦商，让他劝说儿子郦寄去欺骗吕禄，使吕禄交出北军的兵权。郦寄骗吕禄说："高帝和吕后共同平定天下，立刘氏为王的九人，吕氏为王的三人，这些都是朝臣们同意，诸侯们知晓的事。现在太后逝世，皇帝年龄尚小，而您佩带着赵王的印绶，不去自己的封国，却在宫中担任上将军，率北军留住宫中，这只能让朝臣们产生怀疑。依我想，您不如把将军印归还给朝廷，把兵权交还太尉。您也劝劝梁王，请梁王归还相国之印，与朝臣们订立盟约，返回封国。这样一来，齐国之军师出无名必然罢兵，朝中大臣们也打消了疑虑，您在千里之外的封国就可以高枕无忧了。"吕禄平时和郦寄就是无话不说的好友，对郦寄很信任，所以打算按照郦寄的建议交出军印，把兵权归还太尉。

吕禄回去后把自己的打算告诉了家人，有人认为这样做是万全之策，也有人认为说什么也不能交出兵权，身为将军却要放弃军队，今后我们吕家还有什么容身之地。吕禄见众人意见不一，犹豫着不知该怎么办才好。郦寄见吕禄举棋不定，就常陪他一起外出游玩射猎，以寻机再度劝说吕禄交出兵权。

郎中令贾寿从齐国出使回来后，急忙去见吕产，把灌婴与齐楚联合诛吕的事情全部告诉了吕产。贾寿责备吕产："大王早就该到封国去，现在即使想去，还去得成吗？依现在的形势，见机行事。"贾寿对吕产说的这些话，正巧被前来找吕产商议事情的平阳侯曹窋听了个正着，曹窋悄悄地出了相府，飞快地把这个消息告诉了陈平和周勃。周勃认为北军实力较强，要想防止宫变，必先掌控北军的兵权。但北军自始至终都是长乐宫的守军，长乐宫是吕太后的居住地，是诸吕活动的中心，没有皇帝的符节是很难踏入北军大营的。周勃又派郦寄再去劝说吕禄，郦寄和典客刘揭一起去说服吕禄："皇帝已让太尉进入北军，命您回封国就职。您还是赶快交出将军印绶，及早离开这是非之地，否则，您将大祸临头了。"出于对郦寄的信任，吕禄当下即解下将军印交予典客刘揭。周勃终于掌握了北军的兵权，他拿着将军印，找到了主管符节的襄平侯纪通，向纪通说明了情况，晓之以利害，纪通即手持符节随周勃一起来到了北军，假传诏令，使周勃顺利进入了北军。周勃手持将军印，向北军的将士们发令道："拥护吕氏的袒露右臂，拥护刘氏的袒露左臂。"军中的将士们无一不露出左臂拥护刘氏。

当时南军还掌握在吕氏手中。陈平召来了朱虚侯刘章，把吕产的阴谋告诉了刘章，让刘章协助太尉行事。刘章即按周勃之意监守军门。曹窋也遵周勃之命通知未央宫守卫："任何人不能放相国吕产进入宫中。"吕产这时还不知道吕禄已交出了北军兵权，他随身带了几个人就来到了未央宫，没想到被守门的卫尉拦在了宫外，吕产一时不知道发生了什么事，在未央宫门外走来走去，徘徊不定。曹窋看到吕产没有打道回府的意思，心想如果吕产硬闯宫门，自己恐怕不能稳操胜券，于是策马告知了太尉。周勃也担心节外生枝，发生意外，就派刘章带了一千多人马火速进入未央宫保护皇上。当刘章带兵进入未央宫时，吕产已在宫中。由于刘章的身份是吕家的女婿，吕产对此未加戒备，只简单地问了问刘章入宫的原因，刘章应答自如。等刘章摸清了吕产并未带许多人马时，便向吕产发起了攻击，吕产见势不好，慌忙逃走。随来的官员，一看相国已逃得无影无踪，一时间叫喊声一片，混乱中已无人再敢抵抗。朱虚侯刘章率兵紧追吕产，挨门挨户地搜索，最终在郎中令官府的厕所里找到了吕产，刘章上前一刀结束了吕产的性命。

皇帝得知吕产已死，派谒者手持符节前来慰问朱虚侯刘章。刘章看着谒者手中的符节，心想：有了这个符节进出宫禁不是容易多了吗？想到这，刘章伸手就去抓谒者手中的符节，想趁谒者不备抢到符节。谁知那谒者也是个机灵之人，他看到刘章凝视他手上的符节，已对刘章有了防备之心。刘章与谒者抢了几个回合，符节也没抓到刘章手中，刘章情急之下，索性拽着谒者与自己同乘一辆车，驱车在宫中随意进出。刘章凭借谒者手中的符节，驱车奔至长乐宫，一刀劈了长乐宫的卫尉吕更始。然后驱车跑到北军向周勃报告，周勃听罢心中大喜，起身拜贺刘章："我们最担心的拦路虎就是吕产，他身为相国，又握有南军的兵权，只要他一死，这刘氏的天下就等于安定了。"周勃随即派人把吕氏的男男女女全部抓来，不分老少全部处死。诸吕既灭，周勃派朱虚侯去通知齐王，让齐王班师回国。大将军灌婴得知诸吕已亡后，也从荥阳收兵回京。

少帝及吕（梁）王刘太、淮阳王刘武、常山王刘朝，其实都不是孝惠皇帝的骨血。由于孝惠帝后宫一直没有生育子嗣，吕太后就用欺诈的手段，把别人的儿子抱来谎称是惠帝的儿子，然后杀掉他们的生母，养在后宫，立为继承人，或者封为诸侯王，用来加强吕氏的势力。现在诸吕已除，朝臣们担心这几个吕太后所立的假皇子长大后自己的性命难保，于是，在周勃、陈平的主持下，聚在一起商量重新立帝的事。有人认为："齐王刘襄的父亲齐悼惠王刘肥是高皇帝的长子，齐王又是齐悼惠王的嫡子，从根本上说，齐王是高皇帝的嫡长孙，可以立皇帝。"也有人反对说："这些年外戚吕氏专权作恶、结党营私、残害忠良，把刘氏的江山践踏得无以言表，使刘氏的天下危如累卵。而齐王刘襄的外祖母家人多势众，齐王的舅舅驷钧又是个飞扬跋扈之人，倘若齐王做了皇帝，这刘氏的天下不又变成了外戚的天下了吗？"想到了吕氏，朝臣们真有些谈虎色变，因此都认为齐王不是合适的人选。有的朝臣又谈到了淮南王刘长，但大部分朝臣认为刘长年纪太小，而外祖母家又很霸道。大臣们思来想去不约而同地都想到了代王刘恒。论年龄刘恒是高皇帝儿辈的长者，刘恒向以仁孝宽厚著称，其母薄姬娘家人少，且为人处世善良谨慎，立代王刘恒为皇帝是再合适不过的人选了。人选既定，周勃、陈平即暗中派使者去代国请代王进京。

使者来到代国，向代王禀报了来意。代王并没为此而欣喜若狂，他谨慎地就此事召集大臣们商议对策。郎中令张武认为："现在朝中诸臣，大部分都是高皇帝时的老臣，太尉周勃、大将军灌婴等都是跟随高皇帝转战南北的功臣，熟知军事；丞相陈平等也是高皇帝时的谋臣，多谋善战。臣担心这件事并非是他们真实心意，可能是畏惧高帝、吕太后的威势才这样做的。如今诸吕刚灭，京城血迹未干，这个时候以迎大王为帝为由骗大王进京，臣觉得大王不可贸然去京。望大王托病缓行进京，以观后变。"中尉宋昌不赞成张武的观点："臣认为郎中令多虑了。当初秦朝政治腐败，各地的诸侯豪杰纷纷起事，自认为能得天下的人数以万计，然而最终君临天下的是高祖刘氏，少数企图僭位的诸侯王，遭到了灭九族、废封国的惩罚，所以，眼下的各豪

代王召集群臣商议对策

杰已经不再存有任何非分之想了，这是其一。高祖皇帝以藩封制使刘氏子弟为王，各个分封地之间犬牙交错，互相制约，这就是古代人常说的宗族强盛，坚如磐石，普天之下莫非王土，人们都为刘氏的宗族强大而折服，这是其二。汉朝建立以后，一改秦朝的暴虐统治，制定新的法令，与民休戚，使皇恩惠及每一个百姓，时下人心安定，无以动摇，这是其三。就拿这次诛杀诸吕来说吧，这些年凭着吕太后的专权及威严，吕氏已有三人为王，且把持朝政，独断专行，然而太尉凭朝廷的一支符节进入了吕氏把持的北军，仅一声呼唤，将士们便都袒露了左臂，以响应刘氏诛杀诸吕。这虽说是天意难违，非人力所及，但也足见人心的向背了。现在即使大臣们想要作乱，百姓也不会任他们驱使，这样一来他们的党羽还能做到同进同退吗？再说长安城内有朱虚侯、东牟侯这样的皇亲大臣，长安城外还有吴、楚、淮南、琅邪、齐、代等强大的诸侯，大臣们是不可能随意轻举妄动的。现在高帝的儿子就只有淮南王和大王您了，大王又年长，且又享有圣贤仁孝的美名，所以大臣们顺应民心迎立大王您做皇帝，大王无须多虑。"许多大臣赞成宋昌的意见，力劝代王进京就帝位。代王默不作声，内心犹豫着举棋不定。

代王来到了太后的寝宫，与太后商量这件事该如何办好。太后说："人的命运天注定，还是看看天意吧！"于是找了一位占卜之人，烧灼龟甲进行占卜，龟甲上出现了一条又深又宽的横向裂罅，卜辞的意思是："大横更替，我做天王，像夏启一样光大和发扬刘氏的基业。"代王不解地问："做代王与做天王有什么区别不成？"占卜的人说："天王是天子。"尽管卜辞大吉，代王还是觉得不能贸然行事，他与太后商量，先派舅舅薄昭进京会会绛侯周勃，摸一摸情况。

薄昭到京城后，马上与周勃见了面。周勃、陈平、灌婴等人详详细细地把迎立代王为皇帝的缘由，向薄昭说明。薄昭听着这些老臣们言辞恳切的话语，心中感慨道："有此等忠诚之士，大汉有幸啊！"薄昭打消了顾虑，快马回到了代国，向代王禀报了京城的情形，薄昭说："大王不必多虑，没有什么可疑之处，朝中诸大臣是真心拥立大王为皇帝！"代王听罢，笑着对宋昌说："事情果然如您所言。"随后就让宋昌担任参乘，张武等六人也乘驿车随代王一同前往长安。刘恒一行走到了高陵便暂时停了下来，为了小心起见，派宋昌驱车先行进京，察看情况有无变化。

宋昌驱车走至渭桥，远远就看到有许多人站在那儿翘首以待。宋昌小心地放缓了行进速度，刚走到跟前，太尉周勃便走上前来施礼道："臣等在此恭迎代王回宫。"原来是丞相以下的官员在此迎接代王。宋昌赶忙回礼道："大王旅途劳累，于前方稍息，片刻即到。"宋昌沿回路急驰而去，向刘恒禀报了所见情形。"臣认为一切正常，大王可放心前去。"刘恒即驱车来到了渭桥，群臣在周勃的带领下都前来拜见称臣。刘恒十分谦和地下车答拜群臣。周勃对刘恒说："我有事想单独向大王禀报，希望大王容禀。"宋昌马上戒备地向周勃道："太尉想说的事是公事，就请当众公开说；想说的事如果是私事的话，那就对不起了！因为王者无私事。"周勃听了宋昌的话，赞许地冲着宋昌点了点头，然后恭敬地面对代王双腿跪地，双手捧上了皇帝的玉玺和符节。代王谦和辞谢道："太尉请起。我们到了代邸再做商议吧！"

代王及众人来到了代邸。以陈平、周勃为首的群臣都向代王行礼叩拜，陈平代表众大臣向代王禀报了诸臣之意："大王！在迎接您回京之前，我们与阴安侯、琅邪王以及宗室、大臣、列侯、二千石以上的官员慎重地进行了商议，大家都认为：皇子刘弘等人都不是孝惠帝的骨血，不应该继位祀奉宗庙。现今在高祖的诸子中大王位居长子，理应继承大位。希望大王顺民意不要推让。"代王谦让道："我才绌学浅，不具备继承大位、祀奉宗庙的才能，众大臣还是请本王的叔父楚王来选定继承人吧！"众大臣听了代王的话，心想：让楚王来选定皇位继承人？这不等于要我等的性命吗？事已至此，皇位非代王莫属，换了何人都于我等不利。于是众臣在周勃、陈平的带领下长跪不起，坚决请求代王允诺。代王仍旧推辞。当时，代王是以主人身份面西坐着，群臣情急之下，起身扶着代王使代王面南坐在了君主的位置上，代王两次试图起身辞让，都被众臣劝下。陈平恭敬地用手捧着玉玺和符节，双腿跪地虔诚地对代王说："拥立大王继承大统，是我们再三慎重考虑的结果。我们相信这件事即使让天下的诸侯和百姓来考虑，他们也会拥立大王。我们今天的作为完全是为了宗庙社稷着想，绝不敢有一丝轻率和疏忽。希望大王能顺应天意、民心，听从我们的意见，这将是社稷和天下万民的幸事。"陈平的话使代王深受感动，他感激地看着眼前的这些忠耿之臣，他们中许多人都是跟随先帝的老臣，为大汉朝的建立立下了汗马功劳。如今，他们又为了刘氏的正统位置，冒着生命危险诛灭诸吕。在一双双企盼的目光中，代王决计不再推辞，他审慎地考虑着措辞，然后说："既然宗室、诸王、将相、列侯都一致认为我能够胜任祀奉宗庙的大事，那我就不敢再推辞了。"众臣听罢内心欢喜，各自按照礼仪叩拜了皇上。

太仆夏侯婴与东牟侯刘兴居主动请求去清理皇宫。为了确保皇帝的安全，太仆和东牟侯搜遍了皇宫的每一个角落，确保万无一失。之后来到代邸，把皇帝接进了未央宫。

汉文帝正式即位，在高祖庙举行了典礼。第二天，汉文帝即派舅父车骑将军薄昭去代国迎接皇太后薄氏等家人。

自代王离开代国后，窦姬就一直心神恍惚，做起事情来乱无头绪。凭她入宫这些年的所见所闻，她觉得代王此行风险不大。高皇帝的八个儿子，现在只有代王和淮南王。淮南王自幼丧母，由吕太后抚养长大，在感情上与吕氏人极为亲近，众大臣无论如何也不会拥立淮南王登临大位。无论从任何角度考虑，代王这次在众大臣心里都是独一无二的人选。可宫中之事风云变幻，就是稳操胜券的事情，也暗藏着诸多风险，稍有一丝不慎，那就是多少人头落地的代价啊！更何况，有些事情的成败并不掌握在自己手中。窦姬认为一切事情的成败全在天意，"有心栽花花不开，无意插柳柳成荫"，这样的事情这些年她见多了！自己不就是一个无心插柳之人吗？登临大位自然是好事，可几年来代王宫中平静、安稳、舒适、幸福的生活让窦姬十分留恋，她是一个知足之人。她天天在心里祈祷代王平安！平安！她翘首企盼着长安来信，当前两天飞使来报代王已经住进了未央宫时，窦姬多少天来的担心、焦虑才化为乌有，她的代王安然无恙！她兴奋得又是一夜没合眼。

第二天，窦姬奏请了婆婆薄氏之后，便安排宫人开始了回长安的准备工作。

薄昭回到代宫，把事情的始末，一五一十禀报了太后。薄太后感慨万千："真是危难之时见忠心啊！多亏了这些大臣们！我一定要告诉皇上，无论何时都不要忘记这些忠耿之臣！"窦姬听了太后的话也颇有同感，所谓的"天意"就是人心啊！正是顺应民心才能得天下啊！

听说要去长安了，很少远行的皇子们兴奋得叽叽喳喳，都吵着嚷着要跟窦姬同车而乘，就连嫡出的四个皇子也吵着要与窦姬同车。自从他们的母亲去世后，窦姬视这四个孩子为己出，生活上多有关照，四个皇子因而也与窦姬十分亲近。窦姬用慈爱的眼神看着这几个孩子，任由他们嚷嚷，等他们闹够了，安静下来的时候，窦姬这才吩咐宫人把这几个孩子分开带走。安顿好了孩子们，窦姬又赶忙过去照料太后。一切安排就绪，这支驮载着新皇家眷的车队，终于踏上了去长

窦姬在马车上思绪万千

安的归程。

在颠簸的马车上，窦姬思绪万千。她想到了初次入宫时的伤心和无助，想到了去代国官车上绝望的哭泣，想到了在代王宫中几年的幸福生活……这些年来，无论她身处何地，命运之神总是对她不离不弃，常在不知不觉中轻牵她的衣角，把她引向幸福、高贵的顶峰，使她的生活呈现了一个又一个奇迹。

阔别八年之后，窦姬重临长安城。长安城依旧是热闹非凡，八街九陌之上车辚马萧，店铺栉比，一如既往，不同的是窦姬已从八年前的一个弱不经事的小宫女变成了一位风姿绰约、处事练达的王妃。

母仪天下

册后典礼隆重而不铺张。窦姬身着礼服，仪态端庄，气质高雅而脱俗，众人为之惊叹不已，把尊敬、仰慕、赞叹的眼神投向了窦姬。礼官宣读完册后诏书，由薄太后亲自把"玺绶"交于窦姬手上，之后，众臣叩拜，齐呼"千岁，千岁，千千岁！"就这样，在文景盛世，窦姬这位来自民间的贫寒女子，用自己梦幻般的奇特经历，演绎了古代"灰姑娘"神话，成为大汉王朝的第三任皇后。

初登大位的汉文帝端坐于未央宫最富丽堂皇的前殿之上，下诏宣布诸吕之乱已经平息，同时大封有功之臣：大将军灌婴违吕产之命带兵留驻荥阳而不发兵攻齐，并与诸侯一起诛灭了吕氏，加封食邑三千户，赐金两千斤；太尉周勃与丞相陈平设计夺取了吕产等人的兵权，为消灭诸吕铲除了一大障碍，封太尉周勃食邑一万户，赐金五千斤；

封陈平食邑三千户，赐金两千斤。朱虚侯刘章、襄平侯纪通、典客刘揭等都因在平息诸吕之乱中有功而被封赏。

论功行赏之后，汉文帝首先与大臣们商定修改原有的法令。西汉的法律基本上因袭秦制。秦朝的法令异常残酷，以致造成了"赭衣塞路，囹圄成市""死者相望"的惨象。西汉建立后，萧何在制定《汉律九章》时，在秦律的基础上作了很大的修改，但从人性的角度看，《汉律九章》仍然是部十分严酷的刑法。

汉文帝认为：法令是治理国家的准绳，是用来制止暴行，引导人们向善的工具，法令公正，百姓就忠厚，判罪得当，百姓就心服。现今一人犯罪，他的父母、妻子、儿女和兄弟就要被连带定罪，这样的做法实不可取。官吏负有引导百姓向善的责任，现今既没有尽职尽责地引导百姓向善，又使用不公正的法令处罚他们，这就等于驱赶民众走向邪恶不法。如此下去，不但不能禁止犯罪，还可能给朝廷带来危机，难道秦朝的灭亡还不足以为戒吗？朝廷使用这样的法律，实在看不出能带来哪些益处。所以汉文帝就把修改法令作为朝政的首要事情来办。他责令朝中官员们重议各种连坐的法令。经朝议，汉文帝于登基之初便废除了拘执罪犯家属，收为奴婢等各种连坐的法令。诏令既出，万民欢呼。

就在汉文帝忙于朝政，无暇顾及后宫之时，后宫发生了一件不幸的事情。汉文帝嫡出的四个皇子相继病倒了。可能是代王后身体多病的原因吧，这四个孩子从小就身体瘦弱。这次又经过这么远的长途跋涉，一路上这四个孩子就没断了头疼脑热。刚进宫没几天最小的孩子就有些低烧，贪睡，精神不好，并有些轻微咳嗽，起初窦姬以为是孩子小，不习惯长安的气候和水土，窦姬眼见初登大位的汉文帝日理万机，不忍心再让家事给文帝添乱，就与婆婆薄太后商量，先传御医看看，暂且不惊扰汉文帝。可十来天过去了，症状一点也不见轻，更让窦姬想不到的另外三个孩子也出现了同样的症状，吃了几天药也不见有好转的迹象，特别是大皇子的症状似乎更重些，常喊着胸疼，不住地咳嗽，咯出的黏液状的稠痰还带着血丝。窦姬感到事态严重，急忙吩咐人告知皇帝。遗憾的是，所有的御医都苦于无起死回生的回天之术。汉文帝眼睁睁地看着四个皇子相继死去，作为父皇，他竟是这样的无奈！汉文帝伤心欲绝，对窦姬悲叹道："可能是朕德薄才疏，福分浅不足以祀奉宗庙吧，要不上天怎么会让朕一时间失去四个皇儿呢？"窦姬听了皇上的话，不觉落下泪来。说实话，窦姬这些年来视这四个孩子为己出，这四个孩子个个可人，他们与窦姬就像母子一样亲密无间。善解人意的窦姬，此时完全体会得到汉文帝痛失骨肉的伤心。

过了一个月，有司奏请，"为了宗庙社稷，请皇帝尽早确立太子"。这时的汉文帝仍未从失去爱子的痛苦中走出来，他叹气道："朕的德薄，上天和神明还不情愿接受朕的祭品，天下的百姓心中对朕仍有不满。如今朕既不能像古代的贤君那样，在普天之下广泛访求贤圣有德的人，把天下禅让给他，却在这时预先确立太子，这只能加重朕的罪孽，向天下人彰显朕的无德。朕看确立太子之事还是缓议吧。"有司本想执意再谏，见汉文帝神色郁闷，自责之心恳切，知道汉文帝仍沉浸在痛失爱子的悲伤之中，有司又把想说的话咽了回去。

主张早立太子的一些大臣，与有司在一起议论起了立太子的事，"皇帝把意外的天灾人祸全归罪于自身，太仁厚了！""早立太子，是社稷之福啊！""无论如何都要劝谏皇帝早立太子。"又过了几日，早朝之上，有司再次请求皇上确立太子，有司说："臣以为，预先确立太子，正是为了遵奉宗庙社稷，安定天下。请皇上恩准。"汉文帝说："楚王是朕的叔父，可以说见多识广，对于国家的事非常通晓；吴王是朕的兄长，贤惠仁慈，美名远扬；淮南王是朕的弟弟，安分守己，以德辅朕。有他们，难道还不能够使天下安定吗？现今在诸侯王、宗室、兄弟们和有功的大臣中间，有很多都是德才兼备、重情重义之人，如果能够推举这些有才德的人来辅佐朕，那将是社稷的幸运，普天下人的福分。现在朕若不推举他们，而一定要立自己的儿子做太子，天下人就会认为朕忘掉了贤能有德的人，不为天下人着想，却只想着自己儿子。这样的做法朕认为很不可取。"听完了皇帝的话，大臣们全都慌了神，特别是周勃、陈平等，他们当初考虑皇帝人选的时候，选定了代王刘恒，就等于把其他诸侯王全都得罪了，如果皇上将皇位不传儿子而传其他诸侯王，现今朝堂上的满朝文武都不会有好日子过了。于是，他们坚决向汉文帝请求道："殷朝和周朝立国，太平安定的时间达一千多年，自古以来，享有天下的王朝没有比它们更长久的了。究其长久的原因，就是因为采取了确立太子以继大统的制度。高皇帝亲率众将领，马上得天下，分封诸侯，成为我大汉朝的太祖。各诸侯王和列侯们第一个接受封国的，也都成了他们各自封国的始祖。子孙相继，世代相承，这是天下人认同的公理，所以高祖皇帝设立了这种制度来安定天下人心。如果现在您不立自己的儿子做太子，而从诸侯或宗室中另选他人，那就违背了高皇帝的初衷。臣等认为另议他人是不合适的。"听罢奏谏，汉文帝沉思了片刻，说："众爱卿的心思朕明白，可立太子之事并非小事，还是容朕再想想吧！"

退朝之后，汉文帝向后宫走去。每当他遇到举棋不定的事时，他总希望看到窦姬，这已是汉文帝在代宫多年来养成的习惯。这并不是说窦姬能帮汉文帝出什么主意，可能是窦姬身上所具有的那种处惊不乱、沉稳练达、善解人意的气质会使汉文帝增加定力，增强信心吧！每次汉文帝把事情说与窦姬听的时候，窦姬总是静静地用心去听，不时地递茶送汤，偶尔说上一两句劝慰的话。这些理解、体贴的话犹如和风细雨浸润着汉文帝的心田，开启了汉文帝的思路，使汉文帝能迅

汉文帝总爱将烦心的事说与窦姬听

速做出正确的判断。

汉文帝走进后宫，就听到了刘启在领着弟弟刘武背《老子》。刘武背道："天下皆知美之为美，斯恶已；天下皆知善之为善，斯不善已。"刘武停住了背诵，问道："哥，为什么天下都知道美之所以为美，善之所以为善，就丑了？恶了？"刘启说："如果天下都知道美之所以为美，那就不是永远的美了。如果天下人都知道善之所以为善，那就不是永远的善了。你想想看，不是永远的美和善了，那不就是丑和恶了吗？"刘武信服地点着头。"接着背。"刘启催促道。这时，刘武看到了汉文帝，"父皇！"刘武飞快地扑向汉文帝，汉文帝慈爱地弯下腰，张开双臂，把刘武抱了起来。刘启这时也迎上来，双腿跪地："儿臣给父皇请安！"汉文帝看了看这两个性格迥异的兄弟，对刘启说："起来吧，启儿。刚才的《老子》诠释得很好。"听到父皇夸奖，刘启放松了许多："谢父皇。"汉文帝说："你们继续吧，父皇还有事。"

窦姬听说皇帝来了，赶忙让宫女把熬好的莲子银耳粥热了热。她知道，这个时间皇帝到后宫来，准是有什么心事。待侍奉皇上坐定，窦姬端上了莲子银耳粥："今天的粥熬得特别好，皇上尝尝。"窦姬安静地坐在一旁，一边不言不语地看着皇上喝粥，一边寻思着皇上的来意，"会有什么事呢？"等皇上喝完了粥，漱洗完毕，窦姬这才试着问："这个时辰，皇上怎么会有空到后宫来？"汉文帝叹了口气说："近些日子朝臣们都奏言要朕早立太子，朕就是有些举棋不定。"窦姬一听事关太子，因捉摸不透皇上的心思，窦姬一时心跳加快，"该不会像宫内传的那样，皇上要把太子之位转让给宗室他人？"汉文帝看了看窦姬，顿了一下，又说："朕福浅德薄，要不四个皇子怎会撒手人世呢？这个时候立太子，不是加重朕的罪孽吗！"窦姬这才心下略定，她劝汉文帝说："妾身知道四个皇儿的离世使皇上非常难过，可这些事情都是人力不可违的，皇上也不能过于自责而伤及龙体，这四个皇儿与皇上的父子缘浅，皇上要想开些。"汉文帝叹了口气："唉，缘浅啊！"窦姬知道自己的这番话汉文帝很受用，于是又进一步劝道："有道是天意不可违，臣妾以为天意就是民心。如今大臣们一再请立太子，那也是为了宗庙社稷及大汉的千秋基业。皇上还是早做决断，以顺应民心。"窦姬本想示意汉文帝立她钟爱的小儿子刘武为太子，但见汉文帝对自己的话不置可否，使她已到嘴边的话又咽了回去。

第二天的早朝之上，大臣们奏陈之事依旧是"早立太子"。大臣们一致认为：刘启为人纯朴、敦厚、仁爱，是太子的最佳人选，何况在汉文帝的儿子中间又排行居首，于情于理，刘启都应为太子。于是众口一词："请陛下立启为太子。"汉文帝见事已至此，也就不再推托："既然众爱卿执意要朕早立太子，那就依众卿之意立启儿为太子吧！册立大典择日而行。"众臣听汉文帝这么一说，终于放下了一颗悬着的心，齐声高呼"万岁，万岁，万万岁！"

窦姬听说汉文帝立启儿为太子，她看着正在开心玩耍的刘武，心想："武儿这辈子要屈为人臣了。唉，可惜了武儿！"窦姬尽管觉得立刘启做太子未遂其心愿，可毕竟是自己的亲生儿子，心下还是欢喜得很。她差人把正在和刘武玩耍的刘启叫到了跟前。窦姬问刘启："你父皇要立你为太子，你知道太子是做什么的吗？"刘启顺从地说："请母亲赐教。"窦姬说："太子就是要辅助皇上治理国家的人，是将来要祀奉宗庙的人。启儿，你一定要用心跟师父们学习，不要辜负了父皇对你的期望。"刘启说："孩儿记下了，母亲！"窦姬看了看刘武，又对刘启说："启儿，你这一辈子都要与武儿好好相处，善待武儿。"年幼的刘启，虽然不明白母亲此话的分量，但看到窦姬庄重、严肃的神情和略微发红的眼圈，郑重地向窦姬保证："孩儿记住了。

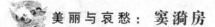

孩儿一辈子都会善待弟弟。"

刘启被立为太子。册立大典之后，汉文帝即颁诏："赐给全国民众中应当继承父业的人每人一级爵位。"

又过了两个月，有司又奏请册立皇后。汉文帝马上想到了窦姬，可汉文帝是个至孝之人，既然是选后宫的女主人，还是要征求一下太后的意见。汉文帝问薄太后："大臣们请立皇后，母亲认为应册立何人？"薄太后未加思索，立即便说："窦姬举止端庄，性情温和，处事得体，更何况她又是太子的生母，当然应立窦姬为后。皇上认为呢？"汉文帝回答："儿臣也这么认为。"

册后典礼隆重而不铺张。窦姬身着礼服，仪态端庄，气质高雅而脱俗，众人为之惊叹不已，把尊敬、仰慕、赞叹的眼神投向了窦姬。礼官宣读完册后诏书，由薄太后亲自把"玺绶"交予窦姬手上，之后，众臣叩拜，齐呼"千岁，千岁，千千岁"！

在文武百官的朝贺声中，窦姬感慨万千。今日的辉煌，是她用十几年无数个谨小慎微、如履薄冰的日日夜夜换来的，她想到了苦难的童年及早逝的父母，想到了当初被选入官，舍家弃兄弟的无奈，想到了初入皇宫时的无助与艰难……窦姬不由得两眼湿润。

汉文帝今天的心情非常好，这是自他登基以来从未有过的。册后典礼上窦姬那高贵、优雅的姿态不时地在汉文帝脑海中浮现，他有了一种压抑不住的冲动，他渴望与窦姬独处，于是他急匆匆地批阅着奏章，耐着性子，掐着时间，艰难地熬过了一天，当最后一本奏牍阅完之后，一向沉稳的汉文帝，竟有了少年的狂举，他起身离开龙椅，飞跑着出了前殿。侍从们从未见过皇帝这个样子，不知道发生了什么事，慌慌张张、大气不敢出地跟着皇上跑，进了后宫，看着皇帝奔向了皇后的寝宫，这才停下脚步，大口大口地喘着气。

汉文帝看到了充满喜庆，用红色装扮一新的后宫，更加有了新婚的感觉。他刚到寝宫门外就不停地喊着窦姬："皇后！皇后在哪儿？皇后！"窦姬听到了喊声，忙起身相迎。她心下纳闷，"咋没听到传报皇上就来了呢？"还没等到窦姬行礼，她已被冲到跟前的皇帝揽进了怀里。看着冲动、激情的汉文帝，窦姬并未提出自己心中的疑问，而是顺从地回应着汉文帝，紧紧地拥着汉文帝，知足地听着皇帝铿锵有力的心跳声，幸福地感受着皇帝略显粗重的喘息声。这么多年来，窦姬已养成了善于观察、遇事机敏的性格，在未明白皇帝的意向之前，她总是以静作回应，今天也一样。汉文帝拥了窦姬良久："朕今天一天都在想皇后，想得朕六神不定。朕恨不得把那些奏折通通烧掉。"汉文帝说着放开了紧拥窦姬的双臂，用手扳过窦姬的双肩，双眼直视着窦姬的眼睛，兴奋而急切地问道："皇后想朕了吗？想了吗？"窦姬此刻已被汉文帝的激情感动得热泪盈眶，直冲汉文帝点头。汉文帝捧起了窦姬的脸，爱怜地为窦姬拭去了眼泪，窦姬又一次在汉文帝的眼睛里看到了自己的影子。她至今仍然清楚地记得新婚之夜第一次从汉文帝眼睛里看到自己时带给她的震撼：这个男人就是她生命中最亲、最近的人了！十几年来，这个男人从来没有因为其他的姬妾或政务而忽略自己，他总是始终如一地依恋着自己，宠爱着自己，并且常常会像今天一样给自己带来意外的惊喜和感动！窦姬这样想着，感动和幸福的泪水再次模糊了双眼，她索性闭上了眼睛。汉文帝吸吮了挂在窦姬眼角的泪珠，用滚热的嘴唇封住了窦姬的双唇……一种纯然的快乐像决堤的洪水一样，涌向了窦姬身体的每一个部位……

窦姬起身吩咐宫女捧上了参汤滋补粥。汉文帝看到滋补粥，这才想起自己还没进晚膳。与窦姬做了十几年夫妻，使汉文帝感触最深的就是窦姬的善解人意。汉文帝觉得窦姬是他口渴时的茶水，饥饿时的御膳，疲劳时的御榻，烦心时的开心果。

第二天，汉文帝早朝之前，窦姬对汉文帝说："皇上，臣妾有一

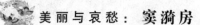

事相求，不知皇上能否容禀？"汉文帝道："你和朕不必拘礼，皇后有事尽管说。"窦姬看着汉文帝郑重地说道："皇上，臣妾来自民间，因此，臣妾知道春天是老百姓最难过的季节，缺衣、少粮的人家很多。眼下时节已经入春了，臣妾想求皇上颁诏，赈济鳏寡孤独穷困之人，使他们都能感受到皇恩之浩荡。"汉文帝注视着窦姬，喜悦之情油然而生，他伸开双臂把窦姬揽入怀中："真是个仁慈的皇后！"窦姬起身望着汉文帝："皇上的意思是……"汉文帝笑语："皇后猜猜看？"窦姬："臣妾不敢。"汉文帝："大胆猜，猜中了朕有赏。"窦姬笑而不语，汉文帝看着窦姬的样子，朗朗地笑道："皇后和朕想到一块儿了！今天朝会上朕就下诏。皇后还满意吗？"窦姬兴奋得两眼放光，甜甜地望着汉文帝，施礼道："臣妾谢皇上！"

汉文帝下诏：赐给天下所有鳏寡孤独之人、生活穷困之人布匹、米面、肉食，对于八十岁以上的老人每人一石米、二十斤肉、五斗酒，对于九十岁以上的老人再增加两匹帛、三斤棉絮。

天下的百姓都知道册封了皇后这件事，因此，他们在叩谢皇恩的同时，对新皇后也心存感激。

就这样，早在两千多年前的文景盛世，窦姬这位来自民间的贫寒女子，用自己梦幻般的奇特经历，演绎了古代"灰姑娘"神话，成为大汉王朝的第三任皇后。贤内助，窦姬当之无愧。

天妒福满

这位从丑小鸭蜕变为白天鹅的窦皇后，可谓一顺百顺，占尽了天下的好事，既享尽了天下的荣华富贵，又集"三千宠爱于一身"。但

有道是 "日中则昃，月盈必亏，天有孤虚，地阙东南。未有常全而不缺者"。就在窦姬心满意足、福星高照之际，一场眼疾灾难却悄悄缠上了她。及至双目失明，窦姬一下子便掉进了黑暗的深渊。

在册立为皇后的喜庆之余，窦姬心想：天下的百姓都能因为自己而得到衣食酒肉之赈济，而自己失散多年的兄弟不知衣食可安？早亡的双亲每年能否按时得到祭祀？每念及此，她都会伤心落泪。但伤心归伤心，一向小心谨慎的窦姬，尽管现今已贵为皇后，可她从未向皇帝表露过心迹。

薄太后的双亲在汉文帝登基以前早已去世，父亲葬在山阴，母亲葬在栎阳北边。汉文帝为了向母亲薄太后表示孝道，追尊外公为灵文侯，在会稽郡设置有三百户的县邑来守护陵园，派长丞去侍奉看守陵墓，宗庙供奉的祭品及祀典都依照规定的礼制进行，并在栎阳北边设置了灵文侯夫人陵园，所有礼仪都和灵文侯陵园一样。薄太后的母亲是魏王的后代，薄太后的父母都去世得早，魏氏宗族的人对薄太后很关照，服侍薄太后很尽力，汉文帝依照母亲薄太后的意思，下令恢复魏氏家族的地位，按照亲疏程度分别给予赏赐，同时封舅舅薄昭为轵侯。

这么一来，薄太后心下很是欢喜，窦姬也前来向薄太后请安并道喜。薄太后想起了窦姬可怜的身世。薄太后对汉文帝说："皇后双亲早逝，这么多年又与兄弟失散，皇后嘴上不说，心里一定十分想念他们。皇上应该下诏按礼仪祭祀皇后双亲，派人去皇后家乡寻访皇后的亲人。"汉文帝听母亲这么一说，于是下诏，追尊窦皇后父亲为安成侯，母亲为安成夫人。下令清河郡设置二百户的县邑来守护陵园，由长丞侍奉看守，一切祭祀礼仪都按灵文侯陵园的做法。

窦长君由官府一路护送到了长安。窦长君望着眼前的窦皇后，怎么也不能把眼前这位气质优雅、高贵的皇后与妹妹窦姬联系在一起，他疑惑着该不会弄错了吧？这位皇后真是妹妹？他努力地从眼前这位皇后身上寻找着熟悉的妹妹。窦姬望着窦长君布满沧桑的脸，也在竭力寻找着记忆中的哥哥。哥哥那敦厚的表情，善良而温和的眼神……与记忆不同的是哥哥脸上多了许多深浅不一的褶痕，这褶痕告诉了窦姬，哥哥这些年日子的艰辛和苦难。窦皇后禁不住泪水挂满脸颊。

窦长君伤心地向窦姬诉说弟弟广国被人拐卖的往事。当年窦姬被选入宫后，本来就已贫寒的家顿时陷入了混乱。长君既要外出劳作，又要打理家务，照顾弟弟。尽管时不时地得到叔叔家的关照，可长君还是坚持出门时，尽量带上年幼的广国。一日，长君带广国到集市上卖箩筐，一不留神与广国走散。长君心急如焚地叫喊、询问，嗓子都喊哑了，可直到集市散尽也没找到广国的影子。长君形单影只回到了家，广国稚嫩的小脸不时幻化在长君眼前，折磨得长君跑到父母坟前撕心裂肺地痛哭了好多次，长君发誓：一定要找到广国。长君发疯了似的到处寻找，打听广国的下落，长君偶然听说广国被卖到了武邑，他便一路讨饭，讨到武邑城去寻广国，长君在武邑寻了几个月也没找到广国，只得沮丧而回。在接下来的几年里，只要得到一丁点儿广国的消息，长君都会抱着希望全力去找，可每次都是伤心、失望而回。

窦长君心痛地自责着"对不起爹娘"，窦姬一边流泪听着哥哥的诉说，一边安慰着哥哥。

当窦姬为寻找广国绞尽脑汁时，失散多年的广国找上门来了。大概是由于新后册立皇恩泽及普通百姓的缘故吧，窦皇后的身世及传奇经历在民间广为流传。这些传闻，没多久便传进了一个帮佣的耳朵里，这个帮佣就是窦姬失散了多年的弟弟窦广国。

原来，广国自从在集市上被人贩骗走后被拐卖了十几家，最后被卖到了河南宜阳一家忠厚老实的夫妇家里。这对老年夫妻在秦末汉初的战争中痛失爱子，时至今日膝下无子，孤苦难耐。广国的到来，被这对善良的夫妻认为是上天对他们的垂怜，因此他们对广国珍惜无比、疼爱有加。一直在颠沛流离中生活的广国，在这对夫妻的疼爱中过了几年虽说清苦却也温暖的安定日子。可好景不长，年迈的养父、养母相继因病而亡故。广国因安葬养父、养母向财主家借了债，为了还债广国成了财主家的帮佣而被派到山中烧炭。广国生性聪慧、吃苦肯干，受到了包括财主在内的众人的喜欢。白天在山中烧炭，晚上就与烧炭工一起睡在山崖断壁之下。一天夜里，横祸飞来，山崖崩塌、泥石倾泻，睡在崖下的只有广国一人幸存。财主一来喜欢忠厚老实的广国，二来认为广国是个奇人，因此在去长安躲避遇难者亲属的哭闹时，把广国也带到了长安城。

刚到长安，财主就对广国说："长安城人杰地灵，你大难不死，必有后福，找个先生问一问你的吉凶祸福吧！"广国在财主的怂恿下，在闹市上找了位先生占了一卦。这一卦让财主吓了一跳：广国不久将被封为侯，有享不尽的荣华富贵。财主用劲儿地眨了眨眼睛，盯着广国看了看：他哪来的"侯"脉呢？真是奇了！

广国对这个卦辞报之一笑："还封侯呢！我要是天天能吃饱穿暖就知足了。"当他听人说新立的皇后姓窦，老家在观津，马上想到会不会是进宫的姐姐呢？广国被拐骗时年龄虽小，但却记得自己的本姓和家乡地名。于是广国战战兢兢地硬着头皮给新立的皇后上了一道书，称自己是皇后的亲弟弟窦广国。书中详陈了记忆中与姐姐生活的点点滴滴，其中记忆犹新的是曾与姐姐一起采桑，不小心从树上掉下来，姐姐唱着歌哄他这件事。

窦姬得知广国认亲这件事后，高兴得泪水盈眶，连忙把这件事奏报了汉文帝。汉文帝闻报后，也非常高兴："太好了！这都是皇后的贤德感动了上苍，皇后才能如愿找到亲人。"汉文帝和窦姬一起召见了窦广国。与木讷的长君不同，无论岁月如何飞逝，广国一看见窦姬就确定这是姐姐无疑。可窦姬无论如何也认不出眼前这个瘦挑、利落的小伙子就是自己的弟弟广国。分手时弟弟流泪的模样这些年像石刻一样印进了窦姬的脑海，可脑海中广国幼小的印记与眼前的这个小伙子怎么也统一不起来，尽管广国书中所陈和所有的提问回答都符合实情，可窦姬还是不敢贸然相认。于是窦姬又再一次问道："你真是广国吗？你想一想，再说点别的什么事来验证一下。你我相认可不能视同儿戏，明白了？"广国脱口说道："姐姐西去入宫的时候和我在驿站诀别，姐姐为我最后一次洗了澡，还讨来了食物让我吃之后才离去的。"窦姬听罢，奔泻的感情再也无法控制，一时间她完全忘了身份和场合，像位普通妇人见到了离散了多年的弟弟那样，拉过弟弟抱头痛哭。在场的侍从也都被窦姬姐弟相认的真情所感动，纷纷伏地恸哭起来。

窦姬姐弟相认的情形使汉文帝深受感动，那场面是皇家少有的。他颇为感慨地想："这种亲情难得呀！"于是赏赐了窦氏兄弟很多田地、房屋和金钱，又分封了与窦姬同祖的窦氏兄弟，并恩准他们迁入长安定居。于是，窦氏族人纷纷放下了锄耙，走进了都市。

当初大臣们拥立汉文帝做皇帝时，很多人都是因为薄太后及窦姬娘家人单势弱才投同意票的，他们万万没有想到，原本以为孤苦无靠的窦姬，如今一下子来了这么多兄弟。在吕氏刀尖下死里逃生的朝臣们感到十分不安，绛侯周勃、将军灌婴等人在一起议论说："将来我们这些人的生死与否，可都由窦氏兄弟掌控了。"思索再三，朝臣们认为要避免被动地受制于窦氏兄弟，还是应该早做打算。窦氏兄弟出身寒微，不懂礼仪也没有学问，必须上奏皇上，为他们挑选师傅及宾客，否则外戚干政的历史就会重演。

汉文帝在吕氏的淫威之下，提心吊胆地、大气不敢出地过了那么多年的惊恐日子，对外戚参政、横行朝野也深恶痛绝。因此他十分明白朝臣们的心思，也为朝臣们对刘氏天下的这份心意感到欣慰，他爽快地答应了朝臣们的奏陈，没有为窦氏兄弟封任何官职。

周勃和灌婴出面为窦氏兄弟严格地挑选了师傅和宾客，就连毗邻而居的人也是选择具备良好道德操守和高深学问的人。

这些天来，窦姬兴奋而满足。她有时觉得自己好像在梦里。

真的哥哥和弟弟都找到了？特别是与弟弟的重逢，让她觉得神奇得不能再神奇了。她入宫的时候弟弟才多大呀！几岁的孩子被人贩拐来卖去的，他竟能记得自己的家乡和姓氏，就连生活中的平常事都记得那么清楚。自小她就知道弟弟聪明、内秀，可她还是觉得有种无法言喻的巧。"或许冥冥之中真的有神灵护佑呢！"她这样想。

当汉文帝告诉窦姬为长君和广国请师傅的时候，聪慧的窦姬立刻就明白了文帝的用意。她是一个懂得分寸、知道满足的人。这些天除了哥哥和弟弟外，窦氏宗亲也迁居长安了不少人，对窦姬来说，她再也不感到孤单了，有亲人在身边的感觉真好。她觉得自己的福分已经不浅了，如果不是皇宫的高墙大院和她的皇后身份，她在长安随时都可以走亲访友，她难道还要逆天行事，奢求窦氏宗亲权倾朝野不成？吕氏家族的下场就是前车之鉴，她是无论如何也不会做葬送兄弟和宗亲的事！她对汉文帝说："皇上为臣妾的家人考虑得如此周详，臣妾对皇上的感激之情实在是无以言表。臣妾也希望他们远离朝堂，在师傅的教导下成为知书达理的谦谦君子，这样臣妾也就放心了。"汉文帝充满爱意的眼一刻也没游离窦姬俊俏的脸。这么些年来，汉文帝对窦姬的为人处世了如指掌，他知道窦姬是一个知情、知礼、知足的人。但这次他以为窦姬一定会提什么要求，毕竟是失散多年的娘家兄弟。听了窦姬的话，汉文帝还是感到有种意外的惊喜。

窦姬尽情地享受生活给予她的恩赐，她除了每天坚持让太子刘启

窦姬每日让儿子为她讲《老子》

及刘武为她讲所学的《老子》外，剩下的时间，不是陪薄太后唠嗑，就是与宫女们取乐。想家了，就把兄弟召进宫来，与他们坐在一起，聊聊家乡，想想爹娘，在遥远的记忆中追寻那伤感而又温馨的童趣。多少年了，窦姬从没感到过像这段日子这样畅快、舒心，本来就端庄温和的她，变得更加温柔可人、更加善解人意。

时光飞逝，转眼到了第二年，又有了一件让窦姬心花怒放的喜事，那就是她钟爱的小儿子刘武被封为代王。尽管代地偏远，窦姬还是欢喜不已。小儿子刘武能说会道，机灵乖巧，深得窦姬的宠爱，在她的心目中，刘武才是心肝宝贝，大儿子刘启在她心中的地位，远远比不上小儿子刘武。她一直希望刘武能被立为太子，可怎奈满朝的文武大臣都主张"长幼有序"，她也只好作罢。她每天看到小儿子刘武，听着刘武母后长母后短的讨她开心，心里就常觉得对不起刘武。现在皇帝把自己当年的封号给了刘武，足见皇帝在心里也和自己一样，把小儿子刘武看得无比珍贵。代王，这真是个吉祥的封号。

窦姬贵为皇后，大儿子为太子，小儿子为代王，唯一的女儿又做了公主，娘家亲人重逢且又锦衣玉食，就连故去的父母也被封侯设园邑，而窦姬自己又倍受文帝宠爱，这位从丑小鸭蜕变为白天鹅的窦皇后，可谓一顺百顺，占尽了天下的好事，既享尽了天下的荣华富贵，又集"三千宠爱于一身"。但有道是"日中则昃，月盈则亏，天有孤虚，地阙东南，未有常全而不缺者"。就在窦姬心满意足、福星高照之际，一场可怕的眼疾却悄悄地缠上了她。

一天下午窦姬稍觉眼睛胀痛，晚上她发现燃着的灯芯上，跳动着的火焰不是往日的黄色，而是彩色的红绿光圈，她用力眨了一下眼再看，还是彩色的光圈，她重新把眼睛闭上，用双手揉了揉微胀的双眼，又一次睁开了眼，可她看到的还是彩色的光圈。"不会这么早就老花眼了吧？"她这样嘟哝着由宫女服侍着走向了卧榻。

第二天五更醒来，双眼的胀痛感已经没有了，她下意识地又把眼投向了亮灯处，一切正常如初，灯芯的燃烧处依旧是黄色的火焰。她心中松了一口气，昨天可能是眼睛累了。过了些天又发生了一次这样的现象，有了第一次的经验，窦姬又是早早地歇息了。这样反复了好多次，开始时是好多天才有一次，近些天却是三天两头的眼胀，晚上眼花，白天又好了。

这天晚上，窦姬坐在寝宫里静候汉文帝，她感觉双眼胀痛。她强打起精神像往常一样侍奉着汉文帝，汉文帝发现窦姬脸上出现了痛苦的表情，急喊："快传御医！快！"

窦姬感到头、眼眶、鼻根、耳根到处都是疼的。御医详细询问了发病症状，仔细诊视查看了一番。汉文帝看到御医表情有种不祥的预感。他背过窦姬，把御医唤到前堂，御医双膝跪地回禀道："皇上，皇后得了叫做绿风内障的眼疾，这种眼疾属重症，预后不佳。况且皇后的病情已是后期……"汉文帝问道："会失明吗？"御医赶忙叩头谢罪："微臣不才。"汉文帝长叹了一声道："你尽力吧！"

汉文帝在痛心和爱怜之余，在宫中为窦姬重新挑选了几个知书达理的宫女，让她们陪窦姬聊天，为窦姬读钟爱的《老子》。

一天，宫女们见窦姬又在暗自落泪，几个宫女面面相觑，苦于无计。这几天她们可是绞尽脑汁，想方设法讨皇后开心，讲故事、讲笑话、讲典故、读《老子》，什么方法都用了，可就是没有博得皇后一笑。一个宫女硬着头皮走到窦姬跟前轻轻地为窦姬揩去了泪水："皇后，您不要流泪了，这样对眼睛不好。奴婢给皇后讲个笑话吧！"宫女略微停了一下，看了一下窦姬的脸，见窦姬没有拒绝的意思，这才讲道："齐国人有一个女儿，有两家人前来求婚，东家人富足，儿子却长得丑；西家人贫穷，但儿子长得美。齐人对女儿说：'如果你愿意嫁到东家就把左臂露出来，如果你愿意嫁到西家就把右臂露出

窦姬感觉自己一下子掉进了黑暗的深渊里

来.'女儿却把左右臂全露出来了,说:'我愿意在东家吃饭,在西家睡觉.'"

宫女讲完了,其他在听的几个宫女都掩嘴偷笑了,可窦姬仍旧面无悦色,宫女问道:"皇后,这个故事不好笑吗?那——奴婢再给皇后讲一个?"窦姬苦笑了一下:"好笑!你们去吧,我没事的!"几个宫女对视了一下,留下了两个宫女静静地陪着窦姬,其他的几个宫女起身做事去了。

自患眼疾失明以来,窦姬感觉自己一下子掉进了黑暗的深渊,对她来说已经没有日出日落、白昼和黑夜之分了,她突然陷入了一种极端的烦躁和恐惧之中。皇上怎么会喜欢一个瞎眼皇后呢?失去了皇上的宠爱,自己怎样在宫里安身立命?启儿和武儿咋办?她甚至想到了被吕后害为"人彘"的戚夫人,她不由得打了个寒战。她越想越害怕,越想越绝望。

她心灰意冷!她开始拒绝吃药、敷药!

汉文帝闻报后,心急如焚地来到了寝宫,可窦姬拒绝见汉文帝。宽厚仁慈的汉文帝,并没有为此而龙颜大怒,他知道,生性刚强的窦姬不愿意自己看到她这副病相。汉文帝在心里叹息道:"可怜的皇后。"汉文帝分别向御医和宫女询问了病情及饮食情况,之后,下诏特许窦长君和窦广国入宫探病。

窦长君和窦广国看到憔悴的窦姬,心疼得眼泪直流。老实的窦长君除了流泪,就是劝窦姬想开些,别的也说不上个子丑寅卯来。倒是聪慧的窦广国还能说一些入表入里的话来:"我们兄妹三人好不容易重逢,才过了几天舒心的日子啊?姐姐就是不爱惜自己的身子,也该为哥哥和我及你的两个儿子想一想。哥哥和我咋办?太子和代王没有姐姐的呵护行吗?人常说'病来如山倒,病去如抽丝',姐姐该静下心来慢慢调养。"

尽管窦姬不愿让汉文帝看到自己的病相，但汉文帝每天必定要到后宫走一趟，垂问窦姬的情况，实在忙不过来，就派人过来。长君和广国也是天天劝说，广国说："姐姐是何等有福之人，皇上那么忙，天天还不忘垂问姐姐的病情，就是民间的普通夫妻也难得如此，何况是皇上！姐！您也该知足了，别让皇上再为您劳神费心了。"

窦姬反反复复想广国说的话，是啊，该知足了，皇上真的是个有情有义的人。广国说得对，为了启儿和武儿，为了哥哥、弟弟和窦家，我也该打起精神，不是吗？窦姬忽然又想起了前几天宫女讲的那个"齐女两袒"的故事。这世上啊，就是没有十全十美的事，硬要"两袒"，那"嫁人"的事不就黄了吗？

汉文帝知道窦姬已接受治疗了，他高悬的一颗心总算落了下来，他长舒了一口气。朝政处理完后，他来到了后宫，见到了多日不见的窦姬。窦姬今天显然是被宫女们精心打扮过了，但淡淡的脂粉遮盖不住窦姬仍显忧郁的脸，窦姬瘦了！汉文帝感到自己眼眶发热，爱怜之情顿生。

吃了这么多天的药，窦姬已不再对复明抱有希望了。其实，这些天来她想得最多的是：如何处好与皇上的关系。君王无常性，伴君如伴虎，后宫嫔妃这么多，要想在万花丛中做到一枝独秀，以现在的她来说很难。与其让皇上生厌，还不如现在主动把皇上放开，或许这样还能够使皇上对自己存有一份留恋，一份回忆，一份亲情。

窦姬苦思冥想了好几天，终于想到了一个既能遂了自己的心愿，又使汉文帝无所察觉的主意。

一日，窦姬让宫女为汉文帝奉上了"四君子汤"，窦姬对汉文帝说："这是慎夫人为臣妾熬的，说是喝了滋阴祛邪，安神定魄，臣妾觉得好喝，特意为皇上留着。"汉文帝看着"四君子汤"笑道："难得她还想着皇后。朕觉着慎夫人的模样有几分像皇后，不想连性情也这么像。"窦姬趁势说："慎夫人可比臣妾灵性乖巧得多！"就这样，窦姬不显山、不露水地在汉文帝跟前多次说及慎夫人。

过了些日子，窦姬对汉文帝说："臣妾生病以来，承蒙皇上垂爱，现在臣妾的病已经好了，皇上不要再记挂臣妾了，后宫这么多姐妹，皇上也该到其他宫里走走了。"汉文帝看着窦姬感慨地想："这么多年了，自己对皇后爱意如初大概就源于此吧？这种话，别的嫔妃无论如何是不会说的！能说出这番话的也只有朕的皇后啊！"突然一个念头在汉文帝脑海中闪过，于是汉文帝故意板着脸说："朕如此让皇后生厌吗？"窦姬正纳闷皇上为什么不言语，猛听皇上这么说，心里一惊，急忙施礼请罪："臣妾有罪！臣妾哪敢？只是慎夫人今儿来看望臣妾，言谈中说及多日没见到皇上了。"汉文帝看着窦姬吓坏的样子，开心地笑着："吓着皇后了？朕与皇后闹着玩呢！"汉文帝说，"朕明白，朕依皇后之意便是。"

不久，宫里人都知道汉文帝宠幸慎夫人。

汉文帝自宠幸慎夫人之后，原来对窦姬的那份爱意似乎已变成了一种信任和尊重，他仍旧时常到窦姬这儿来坐一坐，聊一会儿，但交谈的内容已少了许多夫妻间的情趣。

每当夜深人静的时候，无眠的窦姬会在黑暗中流下孤独、苦涩的泪水……

▌四、坚守信仰▌

崇奉黄老

　　从民生凋敝、百废待兴的汉初，到府库盈满的文景盛世，黄老清静无为的治国策略，适应了汉初社会稳定发展的需要及刘氏王朝初期统治的需要。这些成果的取得，与窦姬独爱黄老，强烈要求刘氏诸子独尊黄老是分不开的。作为"文景之治"的亲历者和重要参与者，笃信黄老的窦姬，对汉初经济的恢复和发展，对刘氏王朝政权的巩固，起到了积极的作用。

　　窦姬是汉代最有影响力的太后之一。在汉代治国思想从"道"向"儒"的嬗替过程中，窦姬起到了至关重要的作用。窦姬作为汉代黄老思想最后的政治代表，由于她对黄老思想的喜爱和偏执，影响了汉代思想儒化的进程。

秦自商鞅变法后，而逐步走向富强，因此，法制便成为了秦国传统的国策。秦始皇统一六国后，不仅没有让长期处于七国争雄之中的百姓休养生息，发展生产，反而为了满足他的专制统治实行严刑峻法，秦朝不只有《田律》《捕盗律》《捕亡律》等二十余种律令，更有笞杀、枭首、斩左趾（砍左脚）、黥（刺面）、劓（割鼻）、腰斩、车裂、镬烹、夷三族等二十多种刑罚和城旦、舂、鬼薪等罚劳役的苦刑。百姓们动辄触法，随时都有被捕受刑的危险。秦始皇三十六年（前211年），有流星坠落在了东郡（今河南濮阳），有人在坠落的陨石上刻了"始皇帝死而土地分"几个字。秦始皇听说后，就派御史前去挨家查问，查来查去，也没有结果，于是，把居住在那块陨石周围的人一概杀掉，并毁了那块陨石。秦始皇这样残暴的统治手段，最终造成了秦王朝"赭衣塞路，囹圄成市"的惨象。秦始皇、秦二世为满足自己的穷奢极欲，对百姓横征暴敛，秦朝的"力役三十倍于古"、赋税"二十倍于古"。在秦始皇父子的暴政统治下，阶级矛盾越来越激化，百姓们在忍无可忍的情况下，被迫铤而走险，一场席卷全国的秦末农民大起义爆发了。这场农民大起义，向世人宣告了秦王朝的灭亡，同时也宣布了法家思想治国的失败。

　　秦朝的暴政及秦末汉初的战争，使社会生产力遭到了严重的破坏，社会经济极端凋敝，百姓长期受饥饿的煎熬，有些地方竟出现了"人相食，死者过半"的情况。鉴于这种社会状况，刘邦进入关中后，就听取了张良等谋士的建议，采取了一系列宽和的政策。首先，以宽宏大量的姿态，接受了秦王子婴"白车素马"的投降，而未取子婴的性命。其二，以清心寡欲的姿态，下令封存了秦宫中的贵重宝器财物和府库。其三，以宽政的姿态，召来了关中各地的父老百姓和有才德有名望的人，对他们宣称："关中的百姓苦于秦朝的暴政已经很久了，批评朝政得失的要灭族，相聚谈话的要处死。现在，我以关中王的身份向大家承诺，今天，这样的律法再也不会存在了！我和大家只约定三条律法：杀人者处死刑，伤人者和抢劫者依法治罪。我希望在我的管辖范围内，使所有的官吏和百姓都能安居乐业。其四，以亲和廉政的姿态，派遣官员到各县镇乡村去巡视，慰问百姓，了解民情，并极力辞谢关中各地百姓的进奉。初入关中的刘邦，以"无为"的政策，很快便赢得了关中地区的人心，为以后他在楚汉战争中消灭项羽奠定下了良好的群众基础。

在接下来长达五年之久的楚汉战争中，刘邦仍旧以宽和的德政笼络人心，使他周围聚集了大批的天才谋士和骁勇善战的将军。韩信正是念及"汉王衣我衣，食我食"，才在楚汉战争的关键时刻，既没有倒向项羽，也没有反戈自立，而是全心全意地成全了刘邦的天下。汉立之后，刘邦在洛阳南宫设宴招待群臣，请臣下们直言自己为什么能取得天下。王陵等回答说："陛下带领将士们攻城夺地，并把攻下的城池分封给将领们，能跟大伙同享利益。而项羽却妒贤嫉能，打了胜仗不授功给出生入死的人，有了土地独自占有，所以项羽失天下，陛下得天下。"陈平在评价刘邦和项羽时，也曾赞赏刘邦"能饶人以爵邑"。尽管诸多的主客观因素，促成了刘氏的天下，但以"无为"为核心的宽政，则是刘邦取得天下的重要原因。

从秦末农民大起义，到刘邦的统一天下，这期间，由于长期的战乱和灾荒，造成了大量人口的死亡。汉初，整个社会经济已陷入极端凋敝的状态，城市人口，一般只有秦时的十分之二三；农村人口，由于大批壮丁的死亡或逃避各种劳役，劳动力非常缺乏，导致了土地荒芜，粮食不足，再加上不法商人趁机囤积居奇，操纵物价，使米价高至每石五千钱甚至一万钱。大量的百姓家中空无一物，往往靠卖儿卖女或自卖为奴以维持生命。即使帝王卿相，也没有可供其消费的物质条件，自天子以下备不齐一辆四匹同样颜色马拉的车，丞相和许多大将只能乘牛车……

刘邦亲眼看到了广大百姓对秦朝苛重税役的不满，亲身经历了势如洪峰的秦末农民大起义，他从秦亡的震撼中，吸取了深刻的教训。他认为必须采取宽和的治国策略，恢复生产，发展社会生产力，使百姓生活安定，才能使自己的政权稳固，才能使大汉的基业千秋万代。于是，刘邦在建汉初期便采取了一系列稳定人心，奖励农耕，恢复生产的措施：第一，把被迫抓丁服役的士兵全部罢遣归家，分给田地房屋，使他们回归土地，从事农耕；第二，使战争时期为躲兵役而逃亡的人，回乡务农，并恢复其原有的土地和房屋；第三，恢复因饥饿被迫卖身为奴的人的自由；第四，重农抑商，限制商人奢侈，加重征收商人的赋税。

这样一来，回归土地的百姓日益增多，农村许多荒芜的土地又重新得到了耕种，社会经济逐渐恢复。为了调动百姓生产的积极性，刘邦又下诏，把田赋减为"什五而税一"。

窦姬就出生在这样一个由严刑峻法的暴政向无为而治的宽政过渡的时期，亲身经历了汉初社会经济由衰微、凋敝走向充实、繁荣的全过程。

汉初，自高祖到景帝的六十年间，都相继采用"无为而治"的国策，以减轻广大百姓的经济负担和精神压力，减少社会生产力和生产关系的矛盾冲突，大力发展社会生产力。"无为而治"的治国策略是在汉初社会亟须恢复生产力的情况下产生的。汉初的统治者，吸取了秦亡的经验教训，顺应了当时社会生产力发展的需要，明白了民心安才能统治固，所以"君臣俱欲乎无为"。而这种"无为而治"的政策正好与战国以来的黄老哲学相吻合，于是，黄老思想便在西汉初与统治者发生了密切的联系，成为治国的主导思想。窦姬就是汉初黄老思想忠实的捍卫者和强硬的执行者，由于窦姬对黄老思想的偏好，"帝

（景帝）及太子（武帝）诸窦，不得不读黄帝、老子言，尊其术"。

黄老学说中贯穿了"清静无为""无为而治"的统治思想。老子认为，"有为"引起世间事物的矛盾和冲突，从而导致了人世间一切罪恶的产生；而"无为"则能平息世间事物间的矛盾和冲突，使社会变得祥和而安定。因此，在思想上，老子极力反对用"礼"和"法"来进行统治。他说"夫礼者，忠信之薄而乱之首"，更何况现实社会已是"礼崩乐坏"难以挽回。对于法家的思想，老子更是深恶痛绝，他说："法律滋彰，盗贼多有。"他认为，法律和规章制度越多，百姓生活就越艰难，阶级矛盾就越激烈。"民之饥，以其上食税之多，是以饥"，而统治阶级却是"服文彩，带利剑，厌饮食，财货有余"。在这样的情形之下，必然造成激烈的矛盾冲突，以致"民不畏死"。既然民已不畏死，统治者再"以死惧之"又有何用？所以，老子认为，"礼"和"法"都不能治国。在统治手段上，老子主张"无为而治"。他说："取天下常以无事"，"为者败之，执者失之"，"我无为而民自化，我好静而民自正，我无事而民自富，我无欲而民自朴"。主张统治者采取温和的手段，缓和阶级矛盾，使百姓自觉地服从统治。另外，老子还主张愚民政策，他认为，"民之难治，以其智多"，善于治理国家的人，就不会刻意地去教导百姓，使之变得聪明，而是要百姓变得无知无欲，便于统治。老子的这些论点，对于刚刚推翻秦朝统治的汉初统治者来说，具有深刻的现实意义。秦始皇可称得上是最为"有为"的帝王，然而，他的"有为"却加速了秦朝的灭亡；"以死惧民"的严刑峻法，最终抵挡不住"民不畏死"的起义洪流。汉高祖及其继任者，把秦亡的教训与老子学说的观点结合起来，自然深信"清静无为"是最好的御民之术，而黄老思想因而顺理成章地成了汉初统治者的治国思想。

窦姬出身贫寒，自小就在破衣褴褛、食不果腹的困境中煎熬，为了生计，小小年纪的她，在春荒时就要手提篮子，在田野里寻找野菜；为了能使爹爹从集市上换回些粮食而希望她家的大枣树多结些枣儿，她曾对着枣树央求、祷告了多少回。特别是爹爹为了一家人的生计葬身深渊尸骨未寻，更是窦姬一生的心痛。很多年之后，贵为皇后的窦姬，每每想起这些往事，仍觉万箭穿心般疼痛。生于动荡年代，幼年丧父，衣食无着的窦姬，在内心深处，十分向往平静、安定的生活，这是她易于接受清静无为的黄老思想的内在原因。汉惠帝和吕后时期，窦姬有幸作为一名宫女，亲历了这一时期君臣同心无为而治、施政不出户、天下安然无事、百姓专心农耕、衣食逐渐富足的社会状况。这些又在客观上为窦姬以后独尊黄老打下了最初的思想基础。

汉惠帝时的丞相曹参是最先积极地执行黄老无为政策的人。当他做齐国丞相时，天下刚刚平定，齐悼王年纪很轻，曹参把齐国的老年人、读书人都召来，询问安抚百姓的办法，但众说纷纭，曹参一时不知如何是好。正在曹参一筹莫展的时候，他听说胶西有位盖公，精研黄老学说，深谙黄老的御民之术，曹参即派人带厚礼请来了盖公。盖公告诉曹参，治理国家的办法重在清静无为，让百姓们自行安定。曹参依此治理齐国，为相九年，齐国安定，齐国的人都称赞曹参是贤相。

汉惠帝二年（前193年），萧何去世，曹参继萧何为相，做事情没有任何变更，一概遵循萧何制定的法度。曹参还从各郡国中挑选一些质朴而不善言辞的厚道人，任命他们为丞相的属官。对官吏中那些言语文字苛求细微末节、想一味追求声誉的人，曹参一概将其免职。并以喝酒、不理政事来向朝中官吏表明他的"无为"。曹参对于下属官员的细小过失，总是隐瞒遮盖，从不追究，因此相府上下和睦相处，平安无事。曹参去世后，百姓们都盛赞曹参的政绩，说："萧何制定法令，明确划一；曹参接替萧何为相，遵守萧何制定的法度而不变。曹参以清静无为的做法，使百姓安宁社会不乱。"

继曹参为相的陈平，也喜爱老子的学说，在他为相期间，仍旧走的是"萧规曹随"的无为之道。

文帝即位后，身为皇后的窦姬，伴驾左右，目睹和亲历了"无为而治"给西汉社会所带来的巨大变化。"文景之治"是汉初统治者"无为"之术的最高成就。特别是文帝时期，"无为"之道被文帝用到了极致，渗透到了汉朝政治的方方面面。

公元前178年，汉文帝下诏，把汉初十五税一改为三十税一，使田租减为原来的一半；后又一度免去农民的全部田租，直到景帝即位，才又恢复三十税一，以减轻人民的负担，鼓励农民从事农业生产的积极性。汉初，除田租之外还有人口税，即七岁至十四岁，每人每年出二十钱，叫口赋；十五岁至五十六岁，每人每年出一百二十钱，叫算赋。汉文帝曾将算赋减为四十钱。

汉初，凡成年男子都要服役。徭役主要有三种。一是正卒，即正式兵役，役期一年。二是戍卒，即去守卫边境或者是守卫京都，役期一年。正卒和戍卒可花钱代役，因代役的钱数过大，普通百姓根本交不起这笔钱，只好自己去服役。三是更卒，各级政府为治河、开渠、筑路、修城堡等要求成年男子必服的劳役，一年一次，役期一月。更卒也可每人每年出三百钱，雇人代役。鉴于汉初徭役的繁重，汉文帝为减轻百姓的徭役负担，把更卒改为三年一次。

萧何制定的《汉律九章》，较之残酷的秦律，已有了很大的改变，但仍然十分苛刻。惠帝、吕后时，废除了挟书律和妖言令，但死刑之外最残酷的刑罚——肉刑，却依旧保留着。文帝时，由于"缇萦上书"，使文帝作出了废除肉刑的决定。

接着又废除了夷三族的连坐法。汉文帝认为："治理天下，不能没有适当的法制。但法律应该公允才对。一个人犯了法，由他自己服罪就行了，他的父母、妻子又没有犯法，却要一并治罪，这是残忍和不公平的！"有些大臣不赞成废除连坐法，说："不用严刑，百姓是管不住的。一人犯法，父母、妻子一并治罪，可达到互相牵制，互相监督，这样一来，百姓也就不敢轻易触犯法律了。"汉文帝说："只有法律公正，百姓才能信服；只有刑罚适当，百姓才能遵守。官吏管理百姓，应该引导他们遵纪守法，成为善良的人。如果官吏不仅不能很好地引导百姓，反而用不公平的刑罚惩处他们，他们肯定不服。"

汉文帝广开言路，虚心纳谏，鼓励臣下和百姓上书言政，汉文帝说："古时没有诽谤罪，以鼓励臣下进谏，从而使政治清明。现在有诽谤妖言罪，使臣下不敢直言进谏，朕也无法知道自己的过错。"就又废除了诽谤妖言罪。文帝希望大臣们像自己的"股肱一样"，与自己保持亲密的关系，使大臣们"能认真思考朕的过失和处理不周的事情，及时地告知朕，使朕能改正错误"。当时的贾谊、晁错、张释之、袁盎、冯唐、申屠嘉等都曾犯颜直谏，汉文帝对他们的建议均予采纳。汉文帝上朝时，只要有人上书，他必止辇受理。汉文帝说："臣民上书，一定要慎重对待，可用的建议就采纳，不可用的就暂时放置起来。"整个文帝朝，没有一个臣民因上书言事而受到处罚。

为了给百姓创造一个和平安定的社会环境，以利于休养生息，发展社会经济，增强国力，汉文帝把"无为"的方针，用在了对外关系的处理上，南面安抚三越，北面和亲匈奴。

景帝即位后，在窦姬的影响和监督之下，继续以"无为"治国，使社会生产力在各方面都得到了空前的发展，社会经济出现了繁荣的景象，农业及煮盐、冶铁、冶铜、纺织等手工业在生产数量及生产技术上有了很大提高，全国人口比汉朝刚建立时增加了三四倍。经过六十余年的"无为"治国，到了汉景帝后期，社会财富已是"民则人给家足，都鄙廪庾皆满，而府库余货财。京师之钱累钜万，贯朽而不可校。太仓之粟陈陈相因，充溢露积于外，至腐败不可食。众庶街巷有马，阡陌之间成群"。这景象已非汉初的"自天子不能具纯驷，而将相或乘牛车"的情况了。

从民生凋敝、百废待兴的汉初，到府库盈满的文景盛世，黄老清静无为的治国方略，适应了汉初社会稳定发展的需要及刘氏王朝初期统治的需要。这些成果的取得，与窦姬独爱黄老，强烈要求刘氏诸子独尊黄老是分不开的。作为"文景之治"的亲历者和重要参与者，笃信黄老的窦姬，对汉初经济的恢复和发展，对刘氏王朝政权的巩固，起到了积极的作用。

儒道嬗替

事物的发展是不以任何个人的意志为转移的，儒学之所以在武帝初年能名正言顺地与黄老思想同时出现在西汉的政治舞台上，是由于儒家的学说适应了武帝时期的社会需求，适应了武帝加强中央集权制的要求。它不可能因为窦姬的不喜欢而销声匿迹，而退出当时的政治舞台。窦姬的干预只是延长了儒道嬗替的过程，推迟了儒学独尊的实现。汉代和汉以后，百家思想实际上已互相渗透，所谓独尊只是名义上而已。

汉武帝前期，西汉的治国思想，正慢慢地由黄老之术向儒术转换，由于窦姬对黄老之学情有独钟，使得这一转换过程漫长而又曲折。

一种学说或思想，之所以能被统治者推为治国思想，是因为这种思想和学说能对当时的社会发展起到适应和推动作用。

汉初，在清静无为的黄老思想主导下，西汉的社会经济得到了很好的发展，武帝时已是"京师之钱累钜万，贯朽而不可校。太仓之粟陈陈相因……"汉政府在取得了巨大的社会财富的同时，也因"网疏"而导致了各种社会矛盾、民族矛盾的日趋激化，社会政治生活日趋复杂。经济上出现了"以末致财，用本守之"的现象。商人成为巨商大贾之后，因当时客观条件的限制，商人把巨额资本用于扩大再生产有很大的难度，于是这些人就把目光转向了土地和高利贷。在商人对土地的兼并过程中，导致了大量农民失去土地；加上这种商业资本的诱使，大量的农民流向了城市，从事着小手工业和小本商业活动，成为末技游食之民。

商人从事高利贷的活动，不只在农村，其活动已渗透到了西汉统治者的内部。《史记·货殖列传》曾有记载：吴楚七国起兵反叛时，长安城中的列侯封君要从车出征，需借贷有息而参战。高利贷者认为，列侯封君的食邑封国都在关东，而关东战事胜负尚未决定，于是，便没有人肯把钱借贷给这些列侯封君。只有无盐氏例外，把千金借给了他们，其息按本钱的十倍计算。三个月后，吴楚七国之乱被平定。无盐氏在很短的时间内得到了十倍于本金的利息，从此大富起来，其富可与关中富豪相匹敌。由此可见，尽管商人在西汉政权贱商的政策下，不能直接参与政治，但他们仍可利用手中的资财交结上层统治者，使他们的经济利益在政治上受到保护，并大有操纵政治之势。后来，在"资选"的政策下，商人可以享有买爵以获得免罪及免除徭役的权利，所以，商人虽不能为官，但却仍能成为优越的特权阶层。农民的流离失所、卖儿卖女，与商人的巨额掠财，已造成了严重的社会问题。这些社会问题，不仅直接影响了西汉王朝的赋税收入，而且影响了西汉王朝的封建统治秩序。

　　政治上，封国势力强大，已成了汉朝政府的威胁。种种社会现象和社会矛盾表明，黄老无为而治的思想只能适合汉初休养生息的特定历史时期。然而在经过了几十年的休养生息之后，如果还一味地谨守黄老无为的治国思想，势必会使西汉社会的发展受到阻碍。西汉统治者要想加强中央集权制，要想使西汉的社会继续向前发展，那就必然地要改变黄老无为的治国思想。但究竟哪一种学说可以取而代之成为统治者学说呢？汉初许多有责任感的思想者和官吏，都已清醒地看到了黄老学说所带来的严重社会问题。他们或不惜生命代价，劝谏当朝天子对社会现状进行有为而治，或以自己的亲身实践为表率。文帝时的梁王太傅贾谊认为诸侯王势力强大，是西汉中央集权的一大隐患。他认为这种现状必须改变，他向文帝建议，在各藩王辖属的领域中，再多封几个诸侯王，这样一来，每个藩王的封地就会缩小，其势力也就随之减弱，自然也就不会有觊觎皇位的非分之想了。贾谊主张先把齐、赵、楚几个大的藩国分成若干小国，以削弱这些藩王的力量，以此来做到"令海内之势，如身之使臂、臂之使指，莫不能制从"。景帝时期，御史大夫晁错又建议将藩王的一部分郡县收归中央，以削夺藩国的权力，并认为削藩已到箭在弦上、不发不行的时候了："今削之亦反，不削亦反。削之其反亟，祸小；不削之，其反迟，祸大。"

　　景帝时的酷吏郅都、宁成则以严刑峻法，限制和打击了地方豪强和贵族。然而这些豪强、贵族和藩王都是这些年来"无为而治"的受益者，他们绝不容忍自己的既得利益受到任何损失，于是他们就采用各种手段，用尽各种方法，诋毁这些损害自己利益的人。结果贾谊在文帝朝被流放，晁错在景帝朝被腰斩，而郅都命丧喜欢黄老之学的窦姬之手，宁成则在武帝朝身陷囹圄。在儒道转换的漫长过程中，正是这些敢于以身先行者，或以儒家有为，或以法家有为的社会实践，使统治者找到了儒家思想与现实社会的契合点，为儒家思想最终取代黄老思想而成为西汉的统治思想打下了基础。

继刘邦之后的统治者，虽信奉黄老，实际上却并不排斥百家。汉惠帝四年（前191年）又废除了挟书律，儒家的经典书籍又逐渐出现了。所有这些都为儒家在汉初的进一步发展提供了可能。汉初儒家发展的一个重大的特点就是具有开放的思想体系，它兼收并用了其他学说的思想要素，使儒学更贴近汉初的社会现实，这使儒家具有了黄老学说及其他学说都不能比及的优势。

儒家学说与黄老学说的较量，在景帝朝时已趋激烈，其代表人物是儒家学者辕固生和太后窦姬。

到了武帝时期，儒学与黄老学的较量达到了白热化程度。武帝喜好儒学，刚即位就通过贤良方正的科目招纳贤士，赵绾和王臧因精通《诗经》而受到武帝的重用，分别做了御史大夫和郎中令。后来又任命喜好儒术的窦婴为丞相，田蚡为太尉。这一人事变动，为儒学走上尊崇地位奠定了基础。于是，在赵绾、王臧等人的积极活动下，立明堂、封禅、改历、正服色等，这些向来被儒家重视的礼仪，都被纳入了朝政范围，并在赵绾的推动下，武帝派使者携带重礼，把儒学大师申公郑重地迎到了京师。一场儒学和黄老学的赤膊战已拉开了阵势。接下来，儒学的改革者们，建议武帝令列侯都回到自己的封地上，且废除关禁，同时检举谴责窦氏家族和皇族成员中品德不好的人，开除他们的族籍。这样一来，使许多皇亲、贵族的既得利益受到了损失，特别是诸外戚中的列侯，大多都娶了公主为妻，所以谁也不愿意回到离繁华京都很远的自己的封地去。于是各种谗毁"日至窦太后"处。太后窦姬对窦婴、田蚡、赵绾、王臧等人推崇儒学、贬低黄老学的做法，气急败坏，暗地里派人查找赵绾、王臧的把柄。赵绾、王臧已明显感到了来自窦姬的干扰和压力，为了绕开窦姬这尊黄老学的护法神，于建元二年（前139年），奏请武帝不要把政事禀奏太皇太后窦姬。窦姬大怒，罢免了丞相窦婴、太尉田蚡，亲自调整了高层统治核心，任命许昌做了丞相，庄青翟做了御史大夫，后逼迫武帝将赵绾、王臧下狱。建元初期，新儒学派在对黄老学派的挑战中，由于受到权势炙手可热的太皇太后窦姬的打压，被迫夭折。

然而客观事物的发展是不以任何个人的意志为转移的，窦姬病逝后的第二年，儒学终于被推上了独尊的霸主地位。

五、太后参政

初涉朝政

窦姬以太后的身份不仅控制了汉王朝的意识形态领域，而且逐渐插手了诸多政事。她多次向景帝推荐其侄窦婴为丞相，还强迫景帝违背高祖定下的"刑白马盟誓"，封王皇后的哥哥王信为侯，而且对于景帝立太子之事横加干涉，她多次动议让小儿子刘武做储君。窦氏摄政初露端倪。

西汉初年，实行黄老无为而治的治国策略，对初建皇权的西汉王朝政治稳定、经济发展提供了强有力的保障，最终出现了为后世称颂的"文景"盛世。窦姬就是造就"文景"盛世的女杰，对"文景之治"的形成起到了举足轻重的作用，她既是"文景之治"的见证者，也是"文景之治"的参与者与忠实实践者。

窦姬幼年遭孤、少年入宫的经历，使她养成了遇事机敏、善解事体的处世本领。就是靠着这种处世本领，窦姬才从一个小宫女嬗变为宠贵一时的皇后，继而成为权倾一时的皇太后和太皇太后。

如果说由于当初遣散宫女的宦官一时疏忽，而改变了窦姬的命运，那么，汉文帝时入主中宫，则是窦姬未来能够参政的重要里程碑。

窦姬生性聪慧，博闻强记，宫中大小事宜，凡亲历耳闻之后，皆可记其始末。汉文帝深爱窦姬于此，但内敛、知进退的窦姬从来不依仗皇上对自己的宠爱而插手朝政。她只是偶尔于不经意间为汉文帝解开愁思。出于对窦姬的爱和信任，汉文帝常对窦姬说一些朝政之事，久而久之既培养了窦姬的政治才干和观察事体的敏锐度，又加深了夫妻间的情感交流。正因为如此，窦姬才能在汉文帝的心灵深处占有一席之地，使她在失明以后还能稳如磐石般地坐于皇后宝座之上。

窦姬作为汉室的女主，与汉文帝一起走过了汉初社会变革的风风雨雨。汉文帝时代距秦亡不远，他从秦亡的教训中认识到了百姓力量的巨大，十几年远离宫廷的代地生活及窦姬的苦难出身，使他对百姓疾苦有了一定的了解和同情。他一方面严于律己，节俭敦朴，使"即位二十三年，宫室苑囿狗马服御无所增益"；另一方面，采纳贾谊、晁错等人的建议，轻徭薄赋，发展社会经济。

汉文帝继位之初，贾谊即上书建议皇上要重视农业生产。贾谊认为百姓只有"仓廪实而知礼节，衣食足而知荣辱"。百姓有吃有穿，才能安分守己，天下才能太平；反之，百姓食不果腹，天下便无宁日了！他还认为，国库必须有足够的粮食储备，否则遇上灾年，朝廷就无以赈灾；如果边关有急，几十万军马的粮草就无法筹措；一旦天灾兵乱相继发生，天下必定大乱，到那时朝廷必定陷入被动的局面。

贾谊阐述了农业作为国家命脉的重要性，提出了以富安天下的主张。粮食是保证一个国家正常运转的命根子，只有粮食多了，国家才可能富足，国家富足了，一切事情办起来就如顺水行舟。对外攻则能取，对内守则能固，对敌战则能胜，只有国家强盛了才能威服远方的敌人。因此，朝廷的当务之急是发展农业经济，使百姓安居乐业。

后来，晁错发现农业生产中出现了一些问题：一个五口之家的农户，至少要有两个人给官府服徭役。他们能耕的土地不过百亩（今约三十亩），一年辛苦耕耘，收获不超过一百石，五口之家的生计全靠这点收入。如果遇到天灾人祸，就被迫贱价卖粮，甚至还要借高利贷，因偿还不起高利贷，最终只有变卖田宅和妻儿去偿还债务，落得妻离子散，家破人亡，而大商人却趁机囤积居奇，借以哄抬物价，以取暴利。

民以食为天。百姓没有饭吃就会挨饿，没有衣穿就会受冻。饥而不得食，寒而不得衣，百姓身处这样一种境况，怎能强求他们不做坏事，不去犯法呢？作为一代圣君，首先要使百姓过上温饱的生活，要使百姓过上有吃有穿的日子，朝廷必须制定一系列必要的政策来促进、保障生产的发展。建汉以来，没有发生过大的水灾和旱灾，可百姓为什么家无余粮呢？这主要是因为没有抓好农业生产。

晁错向汉文帝提出了"贵粟"的建议：百姓可以通过缴粮得到相应的官爵，犯罪的人也可以用粮食赎罪，粮食就会变得供不应求而价格上涨，农民因此可以增加一些收入，朝廷也会因纳粮而府库充盈，这样一来朝廷就可以少向百姓收租了。

汉文帝欣然接受了贾谊、晁错的建议，先后颁诏天下，鼓励农耕，大力发展农业生产，还亲自耕种籍田垂范天下。田租由汉初的十五税一降至三十税一，并号召百姓把粮食运往边塞而后朝廷给予其相应的爵位。后又于公元前167年，免去全部田租，直到公元前155年才又恢复三十税一，把更卒改为三年一次，还一度将算赋减为四十钱。

除上述轻徭薄赋的一系列改革之外，汉文帝在"清静无为"的治国思想主导下，对内平狱缓刑，对外和亲安抚，为汉朝创立了一个清平、安定和谐的大好局面，使百姓能够休养生息，发展生产，为汉朝政权的稳定和国家的统一奠定了物质基础。

在汉文帝执政的二十三年间，社会经济发生了翻天覆地的变化，饥饿的百姓吃饱了，空乏的国库充盈了，边关战乱平息了，百姓能够安居乐业了……作为汉室女主的窦姬，一方面是汉文帝一切社会改革的亲历者和忠实的支持者，社会巨大的变化震撼了窦姬的心灵，使本来就喜黄老之学的她，更加坚信"无为而治"是独一无二的治国方略；另一方面她也领略了皇权的神圣与威力。

看着逐渐富强起来的大汉王朝，窦姬对近在咫尺的"权力"产生了浓厚兴趣。权力真是个好东西，它可以在一瞬间让全天下的百姓知道朝廷的施政方针，也可以在一瞬间把恩泽惠及每一个百姓身上，更可以在一瞬间调兵遣将捍卫皇权、捍卫国土。窦姬愿意做一名热衷的参与者，注视着权力在皇帝手中张弛有度，使大汉朝国运昌盛。

儿子景帝的继位，为窦姬提供了宝刀初试的机会。窦姬以太后的身份登上了政坛，向世人展现了她的政治才华，也向世人展现了她性格中专横、霸道的一面。

汉代尚孝，其君权的观念是建立在"孝"的基础之上。尚孝是汉初统治者用来培养忠君人才的策略之一，自汉惠帝开始，就不断地在全国选举孝廉。因此，作为垂范万民的皇帝，必从自身做起。据《史记》记载：薄太后曾经患病，汉文帝在三年的时间里，从没脱衣服睡上一个安稳觉，凡所进奉的汤药，汉文帝必亲口尝后才端与太后。

也正是由于汉代尚孝的伦理教化，使太后有至高无上的绝对权力。

景帝自小就在窦姬的严格监督和培养之下，接受黄老之学的思想熏陶，因此景帝时期的治国思想，自然而然地延续了汉初以来"无为而治"的黄老思想，但景帝对于儒家学说并不排斥。

景帝曾召太常诸博士集合，主持儒学博士辕固生与黄老学博士黄生围绕着"有为"和"无为"，对汤、武是受命而立还是弑君篡位进行辩论。

黄生说："汤王、武王并不是秉承天命继位的天子，而是弑君篡位。"辕固生反驳说："那夏桀、殷纣暴虐荒淫，已失民心，商汤、周武顺应民心杀死桀、纣，就像昼夜更替、四时轮回一样必然，这不是秉承天命又是什么呢？"黄生说："帽子虽破但一定要戴在头上；鞋子虽新但一定要穿在脚下。这是为了顺应上下有别的天命之道。桀、纣虽无道，但身为君主位在上；汤、武虽圣明，却是身为人臣位在下。君主有过，身为臣子不尽人臣之责，反而借其主过而杀之并取而代之，这不是弑君又是什么呢？"辕固生反驳道："假如以你之意来判断是非曲直，那么高皇帝取代亡秦即天子之位，是违背天道了？"景帝觉得辕固生的话不能说没有一点道理，又见黄生一时语塞，于是打圆场道："好了！好了！吃马肉不吃有毒汁的马肝，不算不懂得肉的美味，谈学问的人不谈汤、武是否受天命继位，也不能算作愚笨。"景帝不想由此引起无谓的事端，便及时止息了这场儒、道之争。

不久，窦姬听说了这场争论，她对于在争论中占上风的辕固生耿耿于怀，也对景帝模棱两可的态度极为不满。在她的心里，黄老学说是神圣不可侵犯的。"我无为而民自化，我好静而民自正，我无事而民自富，我无欲而民自朴"，说得多好啊！以此治国哪有国之不富不强、民之不安的道理？这样的好学说，竟有人对它不敬，提出质疑，这是窦姬所万万不容的事，难道祖宗定下的规矩还要颠覆在这几个儒生手中？于是她传来了辕固生。

辕固生刺杀野猪

窦姬问辕固生道："你是个有学问的人，你认为《老子》这本书如何？"孤傲、耿直的辕固生回答："不过是仆役之人的言论罢了。"辕固生的话不仅对老子学说大不敬，而且无意间冒犯了窦姬的自尊（窦姬来自民间且做过宫女）。窦姬大怒："是啊！'仆役之人的言论'哪里比得上管制犯人似的儒家诗书呢？我看你能耐不小啊，麻烦你去野猪圈里给我缚头野猪来！"盛怒的窦姬让人把辕固生扔进了野猪圈。景帝不忍心看到野猪吃人的惨景，急忙扔给辕固生一把锋利的剑。

不知道是求生的欲望给辕固生带来了力量，还是"士可杀，不可辱"的信念支撑着辕固生。总之，看似文弱无缚鸡之力的辕固生，一剑下去，正中野猪的心脏。窦姬无奈，只好作罢。

就这样，在景帝执政以后，窦姬以其对黄老之学的偏爱，以太后的权势，专横地打击、限制一切异说，以确保黄老治国的权威性、纯洁性。因而景帝朝时期仍独把黄老学说作为国策而不杂取诸家。

窦姬以太后的身份不仅控制了汉王朝的意识形态领域，而且逐渐插手了诸多政事。她多次向景帝推荐其侄窦婴为丞相，还强迫景帝违背高祖定下的"刑白马盟誓"，封王皇后的哥哥王信为侯，而且对于景帝立太子之事横加干涉，她多次动议让小儿子刘武做储君。窦氏摄政初露端倪。

梁王刘武是窦姬的小儿子，很受窦姬宠爱。窦姬不愿意景帝立儿子为储君而使自己变为太皇太后，使既有的权力受损。在景帝废除栗姬所生的太子刘荣后，她一意要景帝立刘武为太子。在一次家宴上，窦姬趁景帝酒兴正高，当着刘武的面儿，重提立刘武为太子的事，景帝碍不过情面，不情愿地表示："朕千秋之后传位于梁王。"窦姬的侄子窦婴听此言，认为景帝将皇位传弟不传子有违祖制，直言进谏，违逆了窦姬之意，窦姬认为窦婴侵犯了她的威严，专横地将窦婴开除族籍，不准窦婴入朝觐见。

纵观整个景帝朝，窦姬再不是"代王妃"和"窦皇后"时期那个知足、知性、知进退的窦姬，这时的窦姬已以太后的身份与威严初摄朝政，若即若离地左右着朝政大计。

晁错冤案

无计可施的汉景帝，在众臣的一片喊"杀"声中，终于痛苦地下定了最后的决心。中尉陈嘉奉旨前去拘捕晁错。这时的晁错仍蒙在鼓里，完全不知道自己已经大难临头了，还以为皇上召他商量事情，十分认真地把朝服穿戴整齐，才随陈嘉而去。当车经过长安东市时，惨遭腰斩。一代忠臣，就这样做了西汉王朝的政治牺牲品。汉景帝难辞其咎。

晁错为人严厉刚直，苛刻严酷。晁错年轻时曾学习过申不害和商鞅的刑名学说，博学多才，被推荐为太常掌故。由于秦朝的"焚书坑儒"，到汉时儒家经典几乎绝迹，很少有人通晓儒家经书。汉文帝时，天下已没有研究《尚书》的人了。后来汉文帝听说济南有位伏先生是秦朝的儒学博士，对《尚书》颇有研究。因伏先生年事已高，无法征召来朝，汉文帝就下令太常选派人员前去学习，晁错有幸被选中前往伏先生处学习《尚书》，而成为学贯儒法的才子，很得汉文帝赏识。

晁错被任命为太子舍人，后改为中大夫，再升为博士。晁错写了《言太子宜知术数疏》，向汉文帝阐明了以法治国的重要性：一个君主之所以能够建立留传后世的功业，关键就在于通晓治国的方略。国家的强弱，治理的好坏，与国君采取什么样的治国方略、推行什么样的治国政策有着直接的因果关系。太子是未来的国君，所以太子必须深谙这些治国的方略。晁错还向汉文帝建议选择"圣人之术可用今世者"让皇太子学习。

汉文帝对晁错的上疏大为赞赏，拜晁错为太子家令。晁错才思敏捷，善于分析问题，深得太子刘启的宠信，太子宫的人都称晁错为"智囊"。

晁错是一个有思想、有抱负的人。他的政治理想是在高度的中央集权制下实现王朝的繁荣，强烈的忠君思想，注定他一登上政治舞台就是一个不甘寂寞的人。他的不甘寂寞，在黄老思想统治一切的汉初，自然会成为众多朝臣眼里的"多事精儿"。

匈奴问题一直是汉朝的一大隐患。汉高祖时，内有异姓王谋反，外有匈奴侵边。为权宜之计，汉高祖决定与匈奴和亲，以换来汉朝暂时的安稳。实际上，和亲及每年送给匈奴的大量财物，并没有真正换来边境的安宁，匈奴人仍气焰嚣张地随意犯边。晁错认为，汉朝要想加强中央集权制，匈奴的问题必须解决。

汉文帝十一年（公元前169年），匈奴人再次侵犯狄道，陇西军民团结一致，奋力还击，终于打了一个胜仗。晁错认为这是向汉文帝进言的好机会，就呈上了《言兵事疏》。在《言兵事疏》中，晁错依据汉匈战争的实际情况，详细分析了汉、匈作战的特点，指出要扬长避短，以己之长，击敌之短，才能取得战争的胜利。同时根据远戍边地士兵水土不服、粮草耗费太大等轮番戍边存在的问题，提出"移民实边"的积极防御策略，把农与军、民与兵巧妙地结合起来，这样既调动了民众保家抗匈奴的积极性，又减少了朝廷的军费开支。汉文帝看罢《言兵事疏》，欣然接受了晁错的建议。"移民实边"对防御匈奴起到了积极作用。

晁错还针对当时农民生活窘迫，商人生活奢豪所造成的严重社会问题，向汉文帝呈上了《论贵粟疏》，建议朝廷重农抑商，发展农业生产，缓和阶级矛盾，强化中央集权。汉文帝非常重视晁错所提出的建议，立即颁发了纳粟授爵和减免赋税的诏令，调动了农民生产的积极性，粮食产量逐年增加，为后来景帝平叛"七国之乱"奠定了丰厚的物质基础。

后来，晁错又上疏几十次给汉文帝，建议汉文帝削减诸侯王的势力及修改法令。汉文帝对晁错卓越的政治才能非常赞许，提升晁错为中大夫，可就是始终没有采纳晁错的建议，而是继续推行"清静无为"的治国方略，与民休息，发展生产。作为一个明智的君王，汉文帝清楚地知道，"藩"是一定要"削"的，但必须选择适当的时机慎重行事。

晁错的这些思想和言行，深深地影响了太子刘启（汉景帝），刘启对晁错的计策、谋略大为赞赏。

刘启继位后，任命晁错为内史。汉景帝多次单独召见晁错谈论政事，对晁错所提的各种建议，几乎到了言听计从的程度，对晁错的宠信超过了其他任何一位九卿，并让晁错主持修改了不少法令。

晁错凭借能言善辩而青云直上，引起了朝中诸多贵戚及老臣的极度不满，他们认为好好的天下，被晁错这个多事的家伙搅得不得安宁。第一个出来找晁错碴儿的人是丞相申屠嘉。申屠嘉可称得上四朝元老，他曾跟随高祖皇帝在攻打项羽及黥布的反叛时立有战功。汉惠帝时，申屠嘉任淮阳郡守；汉文帝时，申屠嘉就担任了丞相。申屠嘉为人正直、清廉，在朝中威望极高。

内史府的门本来位于东面，晁错认为进出不便，就在南面重新开了一个门。而这个门所凿开的墙正是太上皇宗庙的外墙。早就认为晁错是国之祸端的申屠嘉，认为这是一个除去晁错的绝好机会，于是申屠嘉就和其他朝臣商议，明日朝堂之上弹劾晁错。不料消息走漏，晁错的一个门客听说后，赶忙把这个消息告知了晁错。晁错得知这个消息后，非常害怕，连夜进宫拜见了景帝，向景帝说明了情况。景帝听罢，平和地对晁错说："先生请放心，这件事由朕给你做主。"

第二天早朝的时候，丞相申屠嘉奏请诛杀晁错。汉景帝说："这个事情，晁大夫事先奏明过朕，朕同意内史府在南面开门。所凿之墙并非真正的宗庙墙，而是宗庙的外围短墙，所以才会有其他官员住在里面。"既然是皇上同意过的事情，难道能连皇上一起弹劾吗？原以为可以就此除掉晁错的朝臣们，不禁面面相觑，哑口无言。申屠嘉没料到会这样输给晁错，回府后气愤交加吐血而死。

申屠嘉，一个德高望重的四朝元老，竟这样死在了一个不知天高地厚的狂生手里，晁错由此得罪了一大批人。

不管朝臣们心中有何不平，晁错的官运却如日中天般地不可阻挡，不久晁错又被提升为御史大夫。

晁错上《削藩策》，建议汉景帝削藩。晁错对汉景帝说："高祖建汉时，因子侄幼弱，不得不大封同姓王以镇抚天下。现在天下五十四郡，而陛下直辖的不过十五郡，仅齐、吴、楚三国的封地就将近天下的一半。高皇帝的本意是假如有外敌或奸臣作乱，可使这些藩国派军队捍卫朝廷。可如今的情形却是诸侯王无视朝廷诏命，在自己的藩国中任意设置官署，组建军队，连赋税也不愿意缴归朝廷，诸侯王的势力已膨胀到了朝廷难以控制的地步，成了朝廷最大隐患。鉴于此，陛下应该尽早削藩，削得越早危害越小，削得越晚危害会越大。"

汉景帝说："藩国的问题，自建汉以来就是朝廷的棘手问题。这藩是该削了！可怎么个削法？不能师出无名吧？"

晁错说："楚王在太皇太后居丧期间，私奸淫荡；胶西王卖官鬻爵；吴王收买人心，贿赂朝廷官员，这些臣早就有耳闻。臣以为秘密派遣官员到各藩国暗查，一定能找到藩王枉法的证据。有了藩王违法的证据，削藩不就名正言顺了吗？"景帝认可地说："就依晁大夫所说。"

晁错立刻派员到各诸侯国暗访，查找各诸侯王违法的证据。之后，再次进言汉景帝削藩。为了慎重起见，汉景帝召集公卿、列侯、宗室等共同商讨削藩事宜。人们都知道晁错有汉景帝撑腰，多一事不如少一事，没有人对削藩提出质疑，只有窦婴与晁错发生了争论。

窦婴说："陛下，太后一向教导臣，为人处世要以静制动。臣认为陛下初登大位，举事应以祥和安定为主，不可投巨石于静湖，激生波澜。"晁错听后，立即诘问窦婴道："窦大人以为置身于底层已着火的柴堆上可以高枕无忧吗？"窦婴道："晁大人此话什么意思？难道说我大汉的天下岌岌可危吗？"晁错道："请窦大人回想一下，自建汉以来，因为诸侯王的反叛，何曾有过片刻安宁？高皇帝时异姓诸侯王反叛者九起，孝文皇帝时又有济北王、淮南王谋反，当今诸王，已有尾大不掉之势，所以削藩势在必行！"窦婴反驳说："晁大夫有点危言耸听了吧？正如晁大夫所说，每朝都有诸侯王谋反，那先皇们为什么不进行削藩呢？我听说贾谊和晁大夫在孝文帝朝时就不断建议削藩，可孝文皇帝为什么没采纳这些建议呢？难道孝文皇帝不明白藩国是朝廷的隐患吗？不！绝对不是！藩国的问题就如同烹小鱼，急不得！你如果急着翻腾，那马上就是一锅渣；你耐着性子，用温火慢慢地烤，最终才能把它烤熟。"听了窦婴的话，本来在心里就不赞同削藩的众人，都应声附和窦婴的话。

这时，汉景帝发话了："好了！两位大人不要再争执了。既然众卿都认可藩国是朝廷的一大隐患，那就依晁大人《削藩策》中所说：'今削之亦反，不削亦反。削之，其反亟，祸小；不削之，其反迟，祸大。'"于是，让晁错修改法令三十章，并下旨：削夺赵王的常山郡、胶西王的六个县、楚王的东海郡和薛郡、吴王的豫章郡和会稽郡。削藩的诏书传出，各诸侯国一片哗然，他们视晁错为死敌。吴、楚等七国聚合在一起，叫嚷着要"清君侧，除晁错"。

晁错的父亲听说后，心急火燎地日夜兼程从颍川赶到长安，望着憔悴、消瘦、满脸沧桑的父亲，晁错突然觉得愧为人子。他动情地对父亲说："我真是个不孝子，不仅没能回乡看望、孝敬父亲，反倒让年迈的父亲千里迢迢进京探望我，我实在是惭愧！"父亲说："你不必过意不去，自古就有忠孝不能两全之说，这个我明白。我这次进京，是因为有件事放心不下。我听说你在插手皇上的家事？"晁错望着满脸忧愁的父亲，解释道："您指的可是削藩的事？爹，这是朝廷的大事，可不是皇上的家事！"父亲说："皇上宠幸你、信任你，让你在朝当权，你应该为皇上多出好主意，做些积福利百姓的事，可你却做下了离间人家骨肉的事，俗话说'骨头打断了连着筋'。你怎么能犯这样的糊涂啊！造孽！"晁错坚定地对父亲说："藩是一定要削的！不这样的话，皇上的权威就会受到亵渎，汉朝的天下就不会得到安宁。"父亲又气又急："哎哟！我哪辈子坏了良心，得了你这么个狂妄、不知天高地厚的不孝子？你知不知道，这样下去，刘家的天下是安稳了，我们晁家要跟着你灭族了。"晁错看着痛苦的父亲，无言地给父亲跪下了。父亲看着眼前的晁错，绝望地说："完了！晁家完了！我实在不愿意看到大祸临头的那一天啊！"

极度绝望的晁父，回家后就服毒自尽了。晁父死后十几天，以吴、楚为首的七国诸侯，打着"诛晁错、清君侧"的旗号开始了叛乱。

尽管汉景帝和晁错事先就估计到了削藩可能会引起诸王之乱，但七国叛乱声势之大还是大大地出乎意料。

汉景帝急召晁错询问下一步怎么办。晁错毕竟是一介书生，哪里懂得领兵打仗的事，当景帝与之商量时，慌了手脚的晁错，竟向汉景

晁错的父亲服毒自杀

帝建议，让汉景帝亲率大军去前线镇压叛军。汉景帝有些意外地问道："如果朕带兵出征，那长安城谁来镇守呢？"晁错未加思索就道："臣会留守京城。"晁错让皇上亲征的主意，更加激起了满朝文武的不满："什么人！自己招了祸，却让皇上担着，莫不是他想做皇上？这等可恶之人，早该杀了。"

向来对晁错言听计从的汉景帝，第一次认为晁错这个御驾亲征的主意不可取。

晁错"御驾亲征"的建议未被汉景帝采纳，心情郁闷地回到府上，闭门思索平叛的计谋。思来想去，晁错觉得袁盎是罪魁祸首，严惩袁盎就一定能知道叛乱的内幕。第二天，晁错对丞史说："袁盎任吴相时接受了吴王许多贿赂，有意为吴王遮掩，一而再，再而三地向朝廷谎报吴王不会反叛。现在吴王反叛已成事实，必须向皇上奏报严惩袁盎。袁盎任吴相那么久，他一定早就知道吴王有阴谋。"丞史认为这样不妥，对晁错说："我们现在又没有袁盎有意包庇吴王的证据，这样惩治袁盎似乎欠妥。何况现在叛军已向西进发，这个时候，即使杀了袁盎，对于平叛又有什么好处？"丞史的话使晁错有点犹豫不决。

随后，不知是谁把晁错要惩治袁盎的事告诉了袁盎。因被晁错弹劾收受贿赂而贬为平民的袁盎，闻听此言后吓出了一身冷汗。怎么办？以他现在的平民身份是无法见到皇上的。这时，袁盎想到了与自己素有交情的窦婴，希望通过窦婴引见皇上，袁盎对窦婴说："我曾在吴国为相，我了解吴王反叛的原因，我有妙计可退七国之军，希望窦大人带我去见皇上。"窦婴听说袁盎有退敌之计，立刻进宫禀报了汉景帝。

正在与晁错一起筹划军队和粮饷的景帝，即刻召见袁盎。汉景帝问袁盎："你做过吴国的丞相，对吴国的事情比较了解。现在吴楚反叛，你的看法如何？"袁盎回答说："陛下不用过度忧虑，臣认为马上就可打败叛军。"汉景帝说："吴王长久以来，采矿铸钱，煮海制盐，笼络天下豪杰，而在花甲之年举兵作乱，如果没有十分周全的计谋，他是不会轻易反叛的。你怎么说不值得忧虑呢？"袁盎回答说："吴国确有铜矿煮盐之利，这是事实。但吴王得到的那些人哪是什么英雄豪杰呀！若吴王得到的人真是英雄豪杰，那他们就会辅佐吴王做合乎情理的事情，就不会有今天的叛乱了。恰恰相反，吴王利用他的铜矿煮盐之利，引诱的都是些无赖子弟，逃亡铸钱的奸邪之徒，所以才沆瀣一气，互相勾结，聚众反叛。"晁错这时也插言道："袁盎分析得很对。"汉景帝问袁盎："你有什么好的计谋？"袁盎说："希望皇上屏退左右的人。"汉景帝让左右的人都退下，只留了晁错在。袁盎看了看晁错，对汉景帝说："我所说的计谋，为人臣者也不能知道。"汉景帝只好笑着示意晁错退下。等晁错回避后，袁盎向汉景帝说："吴、楚两国相互来往的书信说'高祖封立刘氏子弟为王并各自有享领的封地，现贼臣晁错擅自贬谪责罚诸侯，削夺诸侯的土地'。吴、楚等七国叛军，打着'诛晁错、清君侧'的旗帜向西进攻，其目的就是为了恢复原来的封地。臣认为现在唯一的计策就是杀掉晁错，让吴、楚叛军师出无名，然后再派使者赦免吴、楚七国的罪过，恢复他们原来被削的封地，那么这场叛乱就能够兵不血刃而得到平息。"汉景帝静默了好长时间，然后说："只是真实的情况究竟是什么呢？如果真如你所说，朕不会因为爱一人而拒绝天下的。"袁盎对汉景帝说："我比较愚钝，除了这个计策再想不出其他的了，希望陛下慎重地考虑考虑。"

　　天下的事情就是这样，说着容易，做着难。尽管汉景帝说过"不会因一人而拒绝天下"，可这几天汉景帝在对晁错的取舍上很难下定最后的决心，这件事搅得汉景帝心绪难定，烦闷异常。汉景帝与晁错的关系与其说是皇上与宠臣的关系，倒不如说是学生与老师的关系更为贴切。自晁错担任太子舍人算起，于今已经二十年了。二十年的朝夕相处啊！太子官的伴读情形仍历历在目，《言太子宜知术数疏》的慷慨激昂就似发生在昨天……二十年的倾心交往啊！怎能用一个"杀"字了结！汉景帝此时为自己身为帝王感到可悲。无奈的景帝在心里对自己一遍又一遍地说："再等等，等等……"

十几天过去了，汉景帝等到的并不是前方的捷报，而是受到吴、楚重击的梁王像雪片般飞来的告急奏章；窦婴和周亚夫由于七国叛军的攻势凶猛，在荥阳一线也处于守势，前方形势异常危急。正在此时，丞相陶青、中尉陈嘉、廷尉张欧联名弹劾晁错，一时间朝堂上杀声一片，所有的人都认为"七国之乱"的祸根来自晁错的削藩。无计可施的汉景帝，在众臣的一片喊"杀"声中，终于痛苦地下定了最后的决心——舍车保帅。

中尉陈嘉奉旨前去拘捕晁错。这时的晁错仍蒙在鼓里，完全不知道自己已经大难临头了，还以为皇上召他商量事情，十分认真地把朝服穿戴整齐，才随陈嘉而去。当车经过长安东市时，惨遭腰斩。一代忠臣，就这样做了西汉王朝的政治牺牲品。汉景帝难辞其咎。

晁错死后，校尉邓公回京向景帝汇报军情。汉景帝问道："你从前线回来，七国军队听说晁错的死讯后退兵了没有？"邓公说："吴王蓄意谋反已经几十年了，他对皇上削他的封地非常怨恨，而今是借着诛晁错的名义而反叛，他的本意并不在晁错。臣担心晁错的死会使天下人都从此闭口，不敢轻易进言了。"汉景帝问："这话怎么讲？"邓公说："晁错担心诸侯势力过强给朝廷造成威胁，所以才向皇上进言削减诸侯的封地，使朝廷权尊，这实在是关乎万世的好事。削藩才刚开始，晁错就惨遭杀戮。臣认为皇上这样做是不可取的，这样一来，对内只能使忠臣闭口，而对外反而替诸侯报了仇。"汉景帝沉默了良久，长叹道："你说得很对，我做了件后悔莫及的事情。"

苏轼在《晁错论》中认为晁错"虽无袁盎，亦未免于祸"。因为其一，晁错不具备"吾发之，吾能收之"的才能；其二，在吴、楚七国叛乱的危急关头，"错不于此时捐其身，为天下当大难之冲而制吴、楚之命，乃为自全之计，欲使天子自将而己居守"，所以晁错之死"乃其所以自祸欤！"事实上，晁错的悲剧除了他"峭直刻深"的性格，使他身处孤危之状外，最主要原因来自于窦姬强制推行的"无为而治"的治国方略。在崇尚"治大国若烹小鲜"的理念下，所有的朝臣都主张为政一动不如一静。而晁错昧于忠君之术，仅依仗景帝对他的宠信，孤立于朝堂之上，恃才傲物，今儿一个奏章，明儿一个建议，后儿一个削藩，查这个，办那个，折腾得天下不安，人人自危，最后招致杀声一片，作为国君的汉景帝最终不得不丢车保帅，"挥泪斩马谡"了。晁错冤死，虽然悲壮，但再一次证明法家们治国有方，而防身乏术。

平定"七国之乱"

果不出周亚夫所料，吴国趁东南混乱，派精兵企图从西北方向攻破下邑城。结果，汉军在下邑城的西北把吴军打得大败。没过几天，仅存的吴军又饿死了大半，活着的士兵仍在叛逃。吴王刘濞知道大势已去，长叹道："想我刘濞也是英雄一世，想不到却栽在了这几个小子手中，天不助我啊！"不久，吴楚叛军降汉。

汉高祖建汉后，实行的是"一朝两制"，京畿周围的地区实行秦朝的郡县制，远离京畿的地区因袭周代的分封制。正是这种分封制给汉朝中央集权的强化带来了无尽的麻烦。汉高祖时，就有九起异姓王反叛，为了大汉的千秋基业，汉高祖晚年曾与诸大臣订立盟誓，非刘姓子弟不封王。其目的在于用家族血统来维护王朝的统治。事实上，到了汉文帝时，占全国疆域大半的刘姓诸侯王国已形成了割据状态，汉文帝时就有济北王刘兴居和淮南王刘长先后叛乱。后来，汉文帝采取贾谊的建议，众建诸侯，以削弱诸侯的势力，曾把强大的齐国一分为六，淮南国一分为三。到汉景帝时，诸侯俨然已成了"小朝廷"，他们无视朝廷的诏令、法纪，任意任免官吏，开矿铸钱，拒不照章纳税，更有甚者，有些诸侯王竟像皇帝一样出"警"入"跸"，大有尾大不掉之势。汉景帝采取了晁错的削藩建议，将一些诸侯国的部分封地收归朝廷管辖，先后削去了楚国的东海郡、赵国的常山郡及胶西王所属的六个县。

朝廷削藩的诏令刚下达，首先跳出来反对的就是吴王刘濞。

吴王刘濞是汉高祖刘邦哥哥刘仲的儿子。高祖时，淮南王英布反叛，高祖亲率大军前去征讨。刘濞这年刚二十岁，以骑将的身份随高祖出征。刘濞骁勇善战，很得高祖赏识。英布平定之后，因荆王刘贾已被英布杀死，且刘贾没有后嗣，吴地、会稽等地的人浮躁强悍，需有一个勇壮的藩王来统摄他们，而高祖的儿子们年纪尚幼，于是刘濞就被封到吴地做了吴王，辖三郡五十三县。授拜完毕，汉高祖看着颇有些桀骜不驯的刘濞，心中有些后悔，他轻轻拍着刘濞的后背，告诫刘濞说："观天象的人告诉我，以后东南方向将会发生叛乱，我想这个人不会是你吧？咱们可是一家人，你千万不要造反！"刘濞吓得慌忙跪地叩头，连连说："不敢。"

吴国地处膏腴之地，依山傍水，资源丰富。刘濞招募天下亡命之徒开采铜矿私自铸钱，煮海水制盐。吴国由于有铜、盐的收益，国势逐渐强大了起来，成了天下的富饶之国，百姓也因此被免了赋税，士兵服役还发给代役金。刘濞每年都要对有才华的人进行慰问，同时对平民进行赏赐。如果有其他郡国追捕的逃犯，吴王就收容他们，让他们把吴国当作避难所，安心在吴国生活。吴王如此这般努力了四十多年，在吴国百姓中拥有了很高的威望，深受吴国百姓的爱戴。刘濞也因此狂妄自大起来，对朝廷时有不恭。

汉文帝时，吴太子入京朝见，与皇太子（汉景帝）在一块儿饮酒、下棋。玩耍中，强悍骄纵的吴太子在与皇太子对弈的过程中发生了争执，吴太子傲慢不恭的态度，激怒了一向温和的皇太子，皇太子猛地拿起棋盘掷击吴太子的头部，不料吴太子竟一命呜呼。事后，汉文帝重责了太子，对吴王又是致歉，又是赏赐，并体念人之常情，派专人把吴太子的尸体护送到了吴国。不料吴王曲解了汉文帝的好意，怨怒地说："既然刘姓一家亲，死在长安就应该葬在长安，为什么还要送回吴国来？"又强横地把吴太子的尸体重新运回了长安。

从此，吴王便公开地违忤藩臣所应遵守的礼节，经常诈病不肯入朝拜见太后和皇上。京城的人都说吴王是因为儿子的死才故意不肯入朝的，吴国有使臣来京，曾透露吴王确实是诈病。吴王知道他诈病被皇上知道了，心里害怕，就暗地里策划准备谋反。后来吴王派人进京朝觐，汉文帝又为吴王的事询问这个使者。使者对汉文帝说："吴王确实没有病。因朝廷拘禁了吴国好几个使者，吴王知道诈病的事被皇上察觉，因怕遭到严厉的诘问，就越想隐瞒行为，称病不来朝也是无可奈何之计。俗话说'难得糊涂'。皇上素以仁爱宽厚著称天下，微臣希望皇上能捐弃前嫌，给吴王一个改正自己错误的机会。"汉文帝认为使者的话可取，就下诏赦免了被拘禁的吴国所有使者，恩准吴国可以不入京朝见。如此一来，吴王对谋反的事情也就放松了，一场叛乱暂时被缓和了。汉文帝以其睿智和宽厚大量，为汉初的休养生息提

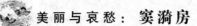

供了暂时的安定。

这次削藩令刚下，已在吴国苦心经营了四十年的刘濞，再也不能坐视自己的权益被朝廷像削苹果一样，一点一点地削掉。"不！寡人绝不会把一生的心血拱手让给刘启的！"刘濞决定起兵发难。可想来想去除了胶西王刘印，诸侯中还没有其他可以共谋大事的人。吴王的中大夫应高也认为胶西王勇壮好斗，齐地的几个诸侯都畏他几分。应高自告奋勇愿意出使胶西国联络胶西王共同谋反。

应高见到胶西王，恭敬地献上了吴王送与胶西王的珠玉宝物，对刘印说："我们大王一向倾慕大王您的勇武与豪爽，今特派小的来表示一下心意。"刘印用手把玩着这些成色俱佳的珠玉，嘴角挂上了一丝不屑的笑意："看来你们吴国真是珠玉遍地呀！你今儿来不只是表示一番心意的吧？"应高说："大王真是个明白人。当今皇上被奸贼晁错蒙蔽至深，唯利是图，听信谗言，擅自改变祖制法令，侵夺诸侯封地，对封国的索求越来越多，诛杀惩罚善良的人，这样的情形会愈来愈严重。常言说'吃完了米糠就会吃到米的'。我们大王和您都是出了名的诸侯，一旦被朝廷盯上，恐怕以后就过不上安宁日子了。"应高说话时一直在察言观色地注意着胶西王的变化，但胶西王一直默默地听着，对应高的话未置可否。应高停了一下，只好继续说："我们大王因身患内疾，不能进京朝见皇帝已经二十多年了，终日提心吊胆地过日子，生怕被人猜疑而受处罚，现在已经弓着身子小步走路了，可仍旧害怕不被谅解。我听说大王因卖爵的事而被削减六个县的封地。卖爵难道是什么天大的事？皇上对大王您的惩罚也太重了，这分明是醉翁之意不在酒嘛。小的担心这种惩罚恐怕不只是削地就能罢休的。大王您认为呢？"应高用了这样一个反问，促使胶西王开口说话。胶西王看了看等待自己发话的应高，觉得如果再不发话也未免有些牵强了，于是说："那你们大王有何见教呢？"应高这时说出了此行的主要目的："有道是英雄惜英雄。现今我们大王认为和您有共同的忧患，愿顺应天时民意，和您一起牺牲个人身躯为天下除害，您一定会成全我们大王的心意吧？"胶西王吃惊地说："我哪来的胆子成全你们吴王啊！我本来就有死罪，虽然现在皇帝威逼紧迫，我也不能不拥戴他啊！"应高劝道："晁错迷惑天子，侵夺诸侯权益，排挤忠贞贤良的人，朝中诸臣皆有憎怨，诸侯也都有背叛之意。乱世出英雄，这是千载难逢的大好时机。所以我们大王想对内以讨伐奸臣晁错为借口，在外追随着您，驰骋天下，所向无敌。普天之下哪还有人不顺从？假使您能答应的话，那么我们大王就会率领吴军攻下函谷关，夺取荥阳敖仓的粮食，以拒汉兵。同时，修建房舍，迎接您率军前来。您若真的能够幸临，就可扫平天下两君分辖，您意下如何？"胶西王本来对削掉六县怀恨在心，正愁孤掌难鸣呢，恰巧应高就来了。听了应高的一席话，胶西王觉得吴国之计可行，就对应高说："好吧。麻烦回去替寡人谢谢吴王的美意，说寡人愿意追随吴王麾下。"应高高高兴兴地回到了吴国，详细地向吴王报告了出使胶西国的情况。处事粗中有细、谨慎有余的吴王，为了万全之计，还是决定亲自出使一趟胶西国。吴王密使胶西国，亲自与胶西王订立了盟约，胶西王向吴王承诺，由胶西王出面联合齐王、淄川王、胶东王、济南王、济北王。吴王放心地回到了吴国。

当朝廷削减吴国会稽郡、豫章郡的文书发到吴国时，吴王打着"诛晁错、清君侧"的旗号，率先起兵作乱，挑起了"七国之乱"的帷幕。胶西王、胶东王、淄川王、济南王、楚王、赵王闻讯后，杀死了朝廷派到封国的官员，起兵西进，以响应吴王。胶东王、淄川王、济南王在胶西王的率领下围攻临淄城。

七国反叛的消息传到了京师，汉景帝虽然对这一后果早有预料，但几十万庞大的叛军队伍还是让他感到震惊。"七国之乱"发生后，

梁王跪送六将军杀敌

朝中诸臣对晁错杀声一片。汉景帝一时慌了手脚。

　　经历了三朝风雨的窦姬，这时就成了儿子景帝的主心骨。窦姬对汉景帝说："当初我是怎么对皇上说的，这秀才误事啊！皇上就是听不进去。你父皇就是不愿意看到天下大乱，才一忍再忍，始终没有采纳贾谊、晁错的削藩说。"汉景帝应和道："是啊，母后！这件事确实是操之过急了！"窦姬又说："也罢！既然是个毒疖，早晚都会流脓的！皇上现在要做到心闲气定！我就不信这大汉的天能塌下来！人常说：'天下安注意相，天下危注意将！'这将可是决定胜败的关键，皇上的将选定了吗？"汉景帝回答："父皇曾告诫皇儿说'即有缓急，周亚夫真可任将兵'。皇儿打算派周亚夫带兵平叛。"窦姬说："好！周家是几代的忠臣啊，这个周亚夫皇上选得好！那个被哀家除去宗族籍的窦婴，皇上也可以调度使用。"汉景帝知道窦婴因立储的事违逆了母后意愿，他万没料到母后会对国体大事做出如此明智的选择，他由衷地感激母后的深明大义："谢母后为皇儿考虑得如此周全！"窦姬说："上阵要靠父子兵，打虎要靠亲兄弟。给武儿的梁国加强装备，武儿的梁国可是京都的一道重要屏障，唇亡齿寒啊！"景帝回答说："母后放心，梁国那儿，前些日子已经布置妥当了。""还有，"窦姬说，"晁大夫是个忠耿之臣，这哀家也知道。可皇上是大汉朝的天子，要对大汉的所有子民负责。究竟要丢车保帅，还是丢帅保车，皇上可要想清楚了。"

　　汉景帝任命周亚夫为太尉，率军东进以平吴、楚之乱；任窦婴为将军，驻守荥阳一线，以监督齐赵之军；派将军郦寄直击赵军；派栾布率军去解齐都临淄之围。周亚夫向汉景帝奏请说："吴楚联军勇猛强悍，以我汉军的实力与之交战很难取胜。我希望皇上准许臣先放弃梁国。让梁国牵制吴楚的兵力。臣将派精锐之师，截取吴楚叛军的粮道，以此扼制叛军。"汉景帝听罢不免为梁王捏了把汗，万一梁国被攻陷，其后果不堪设想。担心归担心，可汉景帝明白，依现在汉军与叛军的实力，周亚夫的计划是唯一可行的。于是汉景帝果断地对周亚夫说："就依太尉之计。所有汉军统归太尉调遣，将在外君命有所不受，军中之事全由太尉说了算。"

汉景帝考虑了两天，还是决定把这次平叛中梁国所处的险情告诉母后，梁王毕竟是自己的亲弟弟，母后的娇儿子呀！汉景帝忧愁满面地走进了长乐宫窦姬的寝宫。窦姬早就听到了汉景帝的脚步声，待汉景帝请过安，窦姬急切地问："出什么事了？"汉景帝说："没有。"窦姬说："究竟有什么事，请皇上爽快地告诉哀家。"汉景帝斟酌着说道："母后，皇儿不孝！皇儿既已委派了太尉去平叛，军中之事理应尊重太尉的决定。依太尉之计，梁国要暂时吃紧了……"窦太后接过话说："就这事儿让皇上愁眉不展啊，皇上是担心武儿扛不住呢，还是担心哀家责怪皇上？"景帝道："母后，皇儿……"窦姬坚定地说："皇上就放心地依太尉之计去做吧！沉住气，耐心地等着吧！"

叛乱之始，叛军气焰嚣张，吴楚叛军在棘壁（今河南永城）西北大胜梁军，梁军死伤近万人，梁军被迫退守睢阳（今河南商丘市南）。吴楚叛军猛攻睢阳城，试图攻陷睢阳，抢占荥阳，与赵国及胶西四国叛军会师洛阳，然后合兵西进攻入长安。

周亚夫领旨后，率军避开了叛军重兵设防的崤、渑（今陕西潼关至河南渑池一带），出武关（今陕西丹凤东南），经南阳（今河南南阳）直趋洛阳，占领荥阳，控制了洛阳武器库及荥阳西北的敖仓之粮。旋即又派精兵，清除了崤、渑间吴楚所设的伏兵，保证了长安及洛阳间的交通畅通。随后，为保存汉军主力，引兵东北到昌邑，深沟高垒，暂居守势以待时机。梁国告急多次，为了平叛的整个局势，周亚夫坚守不出兵。

梁军棘壁失利的消息传到朝中，朝臣们认为，一切祸端都出自晁错的《削藩策》，"解铃还需系铃人"。袁盎、陶青、陈嘉、张欧等向汉景帝奏请诛晁错。在朝内外杀声一片的情形下，景帝无可奈何地处斩了晁错。但晁错以生命的代价，并没有换来叛乱的平息，平叛前线的战事仍旧残酷地继续着。被汉景帝派去说服吴王的袁盎也被吴王扣押在吴军大营，以吴王为首的七国叛军对长安志在必得。汉景帝在朝中如坐针毡，既担心周亚夫的用兵计划不能如愿，又害怕勇武血性的梁王有什么不测。汉景帝几次忍不住催促周亚夫去救梁，可周亚夫持有汉景帝赏赐的"尚方宝剑"，稳坐昌邑城中，对梁国不派一兵一卒前去救援。汉景帝忧心忡忡地多次在窦姬面前抱怨周亚夫，窦姬总是气色悠闲地顾左右而言他："皇上陪哀家到花园里走走吧！""皇上昨晚可睡得好吗？""皇上，今儿外面的天儿怎么样啊？"有一次汉景帝忍不住，就问窦姬："母后，梁国城外叛兵重重，您真能这么释然？"窦姬说："天助正道！自建汉以来，我汉家一直主张无为而治，休养生息，顺应天道，使百姓安居乐业。现今那么几个逆天而行的藩王就能推倒我大汉的江山？老子说：'是以兵强则不胜，木强则拱。故坚强处下，柔弱处上。'皇上可记得？"汉景帝长长地吐了口气："是啊，母后见教极是，皇儿这心里轻松多了。皇儿还记得一句话：'故抗兵相若，则哀者胜矣。'"窦姬母子相对而笑。

梁国就像一块肥嫩的鲜肉，被周亚夫扔进了兽圈中。剽悍的吴楚叛军攻下棘壁后，从四面八方派重兵把睢阳城水泄不通地围了起来。吴王狂妄地对攻城的士兵们说："寡人的财富遍及天下，寡人愿意与你们一起分享寡人的财富。攻破睢阳城捉梁王者，赏黄金五千斤，封邑万户；杀死将军的赏黄金三千斤，封邑五千户；杀死副将的，赏黄金两千斤，封邑二千户；活捉杀死俸禄二千石的官员，赏黄金一千斤，封邑一千户；活捉俸禄一千石的官员，赏黄金五百斤，封邑五百户。另外，凡攻城有功的士卒，寡人都会给予赏赐。寡人以天地为证，绝不食言！"攻城的叛军闻听后气焰高涨，接二连三地发动攻势，怎奈睢阳城墙高城固，不可一蹴而就。叛军诸将眼见闻其香又吃不到嘴的美味急红了眼睛。

梁王带领梁国士兵拼死抵抗，每天都要派人杀出城去向朝廷和周亚夫要救兵，可救兵增援的消息如石沉大海，梁王在心里咒骂周亚夫："本王总有一天让你不得好死！"这天晚上，已在城头上与将士们战了几天几夜的梁王，被众将士劝回了寝殿稍事休息，疲惫、困倦的梁王倒头便进入了梦乡。梦中，睢阳城粮草殆尽，弹尽弓绝，叛军像洪水一样涌进了睢阳城，全城的士兵和百姓像蚂蚁一样被叛军踩死在脚下，而自己却被吴王的士兵五花大绑地押在囚车里。这时忽听得有人在头顶上哈哈大笑，抬头一看，周亚夫正高坐于城楼之上藐视地看着自己，愤怒连带着羞辱一起涌上了脑门，梁王想伸手寻找自己的那把宝剑，无奈手被捆着，他正要狮吼，却看到吴王手持他的那把宝剑。吴王对他说："哎呀，我的梁王侄子，你可千万要想开了。回头寡人带你去长安，让你那皇帝哥哥看看，他的梁王弟弟是多么的尽忠！让你那瞎眼的母后看看，她的宝贝儿子是多么的尽孝！"梁王闻听，气血上涌，"啊——"的一声挣断了身上的绳索，猛力用肩膀撞破了囚车……重重地摔在地上的梁王醒了，他躺在地上用眼四下环顾着。当他判断出刚刚是个梦境时，猛地跳了起来。他用左手拍打着被压麻了的右手臂，这时才发现贴身内衣已被汗水浸湿了。

梁王发狠地整了整衣装："老贼，咱们走着瞧！"梁王对宫中的侍者下令道："把宫中已成年的妇女和宦者，凡是身体无恙者登记造册，速呈寡人。"梁王急速返回了城门楼上道："速传内史来。"

梁王问内史韩安国："城中的水粮还有多少储存？"韩安国道："粮食和水一两个月内足用，只是箭镞的数量不多了。另外，吴楚军不分昼夜地进攻，将士们人困马乏，疲惫得很。"梁王颇有同感道：

"是啊。寡人已打算把宫中的妇女和宦官也都调集到前方来，多少会派上些用处的。至于箭镞嘛……"梁王考虑道："令士兵们扎些草人来，晚间放到城墙上，这样或许可以得到一些箭。"韩安国称赞说："好主意！"梁王说："告诉将士们放箭要在射程之内，射程之外不要随意乱放！"

当夜，梁王去巡视城围，看见有几个士兵把一个用草绳系着的草人扔出了城墙外。顿时城外一片哗然："有人出城了！有人出城了！"吴楚军以为梁国又派出了信使，顿时弓箭齐发，不一会身中数箭的草人，被这几个士兵"救"回了城中，几个士兵边拔箭，边兴奋地数着数。梁王兴致勃勃地看着这几个士兵如此反复了好几回，开心地想："吴王老贼原来如此不经诈呀！"

周亚夫在昌邑城中坐视叛军与梁国交战，心情并不轻松。在梁国的坚守战中，不仅梁王天天派信使冒险出城请求增援，就连远在长安城中的皇上也已沉不住气了，周亚夫已接到好几道圣谕让他派兵解梁之围。周亚夫深信凭梁王的血气和梁国城深墙固，足以挡得住吴楚的二三十万叛军。让吴楚叛军在梁国坚固的城墙下碰出血来，以挫败吴楚精锐之师的锐气。然后，他将派侦察兵探得叛军粮草的屯居地，一举捣毁，这样吴楚叛军就会不战而败，平叛也就胜利在望了。可这毕竟是一步险棋，万一睢阳城破，洛阳方向也会陷入危机之中，那将会直接威胁长安城和前方各军的补给线。周亚夫知道，如果出现这样的后果，自己将承担什么样的责任，大丈夫为国而死，这不是什么汗颜的事。但由于自己的失职而使大汉的基业葬送，自己就是死也无脸见地下的先皇！尽管周亚夫板着脸对劝言派兵增援的人说："谁再扰乱军心，格杀勿论！"私下里，周亚夫天天静坐，于心中反复祷告："梁王，您可要挺住！无论多难您都要挺住！""梁王会挺住的！会的！"周亚夫也常在心里坚定地这么想。

当派出的信兵回来向周亚夫报告找到了叛军的粮草集结地时，周亚夫高兴地叫道："好！"周亚夫一方面派了弓高侯、韩颓当率轻骑数万，潜行出淮泗口（淮、泗水的交汇处，位于今洪泽湖内），迂回到吴楚军的侧后，烧毁叛军的粮库；另一方面派兵盯着围困睢阳城叛军的供给情况。不久，监视叛军供给的兵卒便报告说："未曾见叛军的运粮车前来。"周亚夫高悬的心终于落下了。

守城的梁国方面感觉叛军这几天的攻势减弱了，而且多是站在城外高喊着挑衅梁军，试图引梁军出城决一雌雄。梁王传令各将士：坚守城池，不许出战。

粮库被毁的消息很快就传到了吴楚大营，吴王大骂被周亚夫算计了。兵不可一日无粮，军中的粮草已吃不了几天了，可怎样挑衅，梁军就是不出城。由于供给缺乏，吴楚军士气大减，加之有人在军中议论："开始说起兵为了捍卫朝廷，诛杀奸臣。可奸臣已经被皇上杀了。再反，不就是反皇上了吗？反皇上可是要灭九族的。"类似这种议论在叛军中不胫而走，原来稀里糊涂跟着起事的士卒，好像一下子明白了，有的怕杀头灭族，有的怕在这儿饿死，吴楚叛军中逃走的人几近一半儿。这时的吴王犹如热锅上的蚂蚁，军心已散，攻城不克，不得已决定撤军向东，在下邑与周亚夫汉军相遇。吴国饥饿的士兵在城下向汉军挑战，无果。吴王急于速战，在夜里伴装向东南袭击汉军营垒。周亚夫对吴王的企图心知肚明，下令将士们加强西北方向的守备。果不出周亚夫所料，吴国趁东南混乱，派精兵企图从西北方向攻破下邑城。汉军在下邑城的西北打得吴军大败。

没过几日，仅存的吴军又饿死了大半，活着的士兵仍在叛逃。吴王知道大势已去，长叹道："想我刘濞也是英雄一世，不想却栽在了这几个小子手中，天不助我啊！"吴王在吴太子的劝说下，抛弃了吴国大军，仅带了几千名精兵趁夜逃走，渡长江来到了东越国。楚王刘戊自杀，吴楚叛军降汉。

吴楚叛军降汉的消息传到了长安。汉景帝颁诏给前线的将军们："天助有道而伐无道。高皇帝为表扬功德，封立诸侯，幽王、悼惠王的封爵断续了，孝文皇帝因念及手足之情而对他们的后人格外恩惠，封立幽王的儿子遂、悼惠王的儿子印为藩王，让他们以此来奉祀自己先王的宗庙，如此的恩德可与天地相比，可与日月同光。吴王刘濞以怨报德违反道义，收拢天下逃亡的罪人，私铸钱币扰乱钱市，二十多年诈病不入京朝见。主管官吏多次奏请严惩刘濞，孝文皇帝宽厚仁慈恕他无罪，希望他能改过从善。然刘濞不思悔改，反变本加厉，现竟然勾结楚王刘戊、赵王刘遂、胶西王刘印、济南王刘辟光、淄川王刘贤、胶东王刘雄渠，做出叛逆无道的事，危害宗庙，残杀大臣和朝廷使者，草菅人命，乱杀无辜，毁舍掘坟，暴虐无度。现今胶西王刘印等更加无道，竟烧毁宗庙，把宗庙中皇室的器物掠夺一空，朕对他们的行为感到痛恨。朕穿着白色的衣服避开正殿，各位将军要勉励士卒们攻击叛军，杀敌立功，凡捉到俸禄在三百石以上的官吏，格杀勿论。如有议论诏书和不按诏书去做的，都处以腰斩。"

各路将军接诏后乘胜追击。将军栾布、平阳侯曹奇率军打败了围攻临淄城的胶西王、胶东王和淄川王，三王兵败自杀；济南王刘辟光兵败被杀。曲周侯郦寄在邯郸城下与赵军已经相峙了七月有余，栾布从齐国班师后与郦寄合兵，引水淹灌邯郸城，城陷，赵王刘遂自杀。

吴王逃遁后，周亚夫便四处派人打探消息，后得知吴王已到东越。于是奏请朝廷以重金诱惑东越，除去吴王。东越王便派人刺杀了吴王，并速派人把吴王的头颅送到了长安。至此"七国之乱"彻底平定。

在平叛七国的过程中，窦姬以母爱支持、信任、理解着儿子们，使各路将军能自主地运筹帷幄于千里之外，而不受朝廷一丝一毫的干

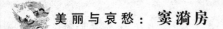

扰，最终平定了叛乱，使大汉朝度过了又一个危机。

立储争斗

众大臣极力反对传位梁王，思来想去，推荐了敢言直谏的袁盎去劝谏太后。刘彻终于在长公主、王美人的策划下，在景帝与窦姬反反复复的冲突中，登上了太子之位。不久袁盎等几位大臣因为参与了议嗣，而被梁王暗杀于长安，成了皇储之争的政治牺牲品。立储争斗腥风血雨，历代如此。

景帝朝的立储之争，不仅仅是栗妃与王美人（即王皇后）之间的权柄之争，更主要是景帝与其母窦姬之间的宗法权力之争，以景帝、窦姬为主的两大政治力量围绕是传位于皇子还是传位于兄弟，是立长还是立贤，展开了一场殊死搏斗，栗妃、栗太子刘荣、袁盎等数人成了这场立储战的牺牲者。

景帝共有十四个儿子，但都不是小薄后所生。刘荣、刘德、刘阏是栗姬所生，刘余、刘非、刘端是程姬所生，刘彭祖、刘胜是贾夫人所生，刘发是唐姬所生，刘越、刘寄、刘乘、刘舜是王夫人所生，刘彻是王美人所生。

按理说，立储之事是朝政大事，可偏偏这件朝政大事牵扯了众多的皇上家人在里面。十四个皇子，选一个太子，这本来就不是件容易的事，再加上母后窦姬多次授意景帝立弟弟刘武为储君，这就让生性仁孝的汉景帝感到难之又难了。若立了刘武为储君，就违背了汉制，于情不通，于理不合；若立皇子为储君，又违逆了母后的意愿。所以，汉景帝登基几年一直未提立储之事。

在这十四个皇子中，栗姬所生的皇子刘荣年龄居长，景帝又十分宠爱栗姬，每与栗姬交颈而眠时，栗姬总是柔情百态地央求景帝："皇上，荣儿每次用餐的时候都要问'不知父皇用膳了没有'。上次皇上微恙，荣儿知道后，不吃不喝，哭得可伤心了。皇上，不是臣妾自夸，在皇子中，像荣儿这么仁孝懂事的孩子真还没有。臣妾觉得荣儿极像皇上。况且荣儿又是皇长子，皇上，您说这太子之位是不是咱荣儿的？"

汉景帝知道刘荣确如栗姬所说是个仁孝的孩子，但汉景帝觉得这孩子憨厚有余，精明不足，论其性情不太适合承大位。其实，在这十四个皇子中，景帝最喜欢王美人所生的儿子，鬼精灵刘彻，可惜这孩子太小了。所以每每想到立储之事，景帝就会对自己说"等等，再等等吧！"其实，究竟等什么，是等刘彻长大还是等母后改变想法？景帝自己也搞不明白，但有一点他明白，他不愿意时下就去"火中取栗"！

汉景帝喜欢刘彻，不仅仅是刘彻聪慧机敏，练达早熟，还有一个鲜为人知的原因，那就是刘彻出生的种种吉兆。尽管汉景帝自己的出生没有任何传说，但他深信这些"异象"的引示作用。高祖皇帝和孝文皇帝都是旷古未有的明君！汉景帝清楚地记得登基的前一年，自己以太子的身份临幸王美人，早起后，王美人一边为景帝更衣，一边告诉她昨晚做了一个奇怪的梦："臣妾坐在花园里赏花，这时从遥远的天边飘来了一朵彩色的云团，好看极了！臣妾一直盯着那云团，那云团竟飘向了臣妾。等近了，臣妾才发现哪是什么彩色云团啊，那是一个身着七彩绸缎的漂亮姑娘，那姑娘的一双玉手捧着一颗巨大的红日，悠然地停在臣妾跟前，对臣妾说：'送给你，美人！'没容臣妾回过神来，那姑娘已把红日放入了臣妾怀中，一转身飘走了！殿下您

王美人带小刘彻给窦太后请安

说臣妾这梦吉不吉？"景帝一听大喜过望，说："梦见红日入怀，是大贵的吉兆！可能是美人又怀王子了吧？"王美人闻听此言顿时喜上眉梢："谢殿下隆恩。"王美人自入宫以来已生了三个公主了，她双手抚摸着腹部，暗暗道："这次一定要争气啊！一定要生个皇子！"

为了验证自己是否又怀了身孕，王美人这些天简直是度日如年，直怨日子过得太慢，天天扳着手指头等着来月事的日子。盼啊！熬啊！终于等到了日子，没动静！心中一喜。又过了一天，多了一分喜悦！又过了两天、三天……喜悦每天都在增长着，十天过去了，喜悦难耐的王美人，请太医把了脉，当太医恭喜她有喜时，王美人已是喜极而泣了。她兴奋得赶忙吩咐人去找时为太子的汉景帝。还没等景帝双足站稳，王美人已扑了上来："殿下，臣妾有身孕了！"看着王美人高兴得一反常态，汉景帝再三嘱托王美人不要把梦日入怀的事告诉任何人。王美人连应道："臣妾知道！臣妾有预感，这次肯定是个皇子！"

不久，孝文皇帝病逝，景帝以太子的身份登上了九五之尊。初登大位政事繁忙，景帝常觉体力不支，疲惫不堪。七月七日这天，天气闷热异常，困顿的汉景帝于未央宫宣室伏案假寐，稍事休息。不一会儿，疲劳的景帝便进入了梦乡：一只可爱的赤色小猪，忽闪着两只翅膀飞到了汉景帝面前，小赤猪胖嘟嘟的，可爱极了！它亲昵地扑到景帝怀里，用嘴轻轻地拱着景帝的脸，湿漉漉的小嘴还弥漫着奶香，景帝不由得伸出手来慈爱地抚摸着小猪滚圆的脊背……一声响雷，景帝从梦中醒来，空中隐约传来婴孩的啼哭。这时，景帝闻报王美人喜添龙子，心下欢喜极了，因为这是景帝登基以后第一个出生的皇子，更何况这孩子是带着"梦日入怀"和"赤猪入怀"的吉兆降生的！

景帝的心思只有王美人知道。工于心计、巧于应付的王美人从来不在景帝面前提立储之事，也不在景帝面前谈论栗姬、刘荣、刘武等

景帝悻悻地离开长乐宫

人的长和短。在刘彻刚刚学说话时，王美人就教刘彻叫父皇，反反复复，屡教不厌。一天，景帝来到了猗兰殿，正在咿呀学语的小刘彻，竟伸着小胳膊冲着景帝，清晰地发出了"父皇抱！"喜得景帝直说："这孩子，这孩子，这么早就能叫父皇了！"景帝高高地举起了刘彻："彻儿，再叫父皇一声，叫啊！"刘彻又清晰地叫了声父皇。景帝开心地笑着："不得了！彻儿了不得呀！"小刘彻的表现，使王美人觉得很有成就感，她得意地笑着。小刘彻三岁的时候已显得比同龄的孩子成熟机敏，他懂得观察大人们的眼色，知道大人的喜怒，知道讨人欢喜，喜欢听人夸奖，每次去给窦姬请安，他都会对窦姬说："奶奶，彻儿可想您了！"窦姬每次听到这话从这么小的彻儿嘴里说出来，总是乐得把刘彻抱到膝上夸奖一番，抚摸一番。窦姬对刘彻的这份慈爱，使在场的人少了许多拘谨，气氛也舒缓多了。这一来二去的，许多嫔妃都愿意约上王美人带着小刘彻一起去给太后请安。

自从有了刘彻，景帝到猗兰殿来的次数更勤了，几天见不到刘彻就好像少了点儿什么。一次，刘彻见到景帝，人模人样地双膝跪地，一脸郑重地说："启禀父皇，皇儿有奏折要面呈父皇。"景帝强忍笑，说："嗯，呈上来吧！"刘彻起身，双手捧着一张纸，恭恭敬敬地递给了景帝。景帝好奇地打开来看，立刻喜上眉梢，抱起刘彻狠亲了起来："你可真是个人精儿，都会写字了？"王美人说："臣妾也看看，彻儿写了什么？"王美人拿起那张纸，上面写道："彻儿爱父皇。"王美人道："这是什么时候写的？皇上，您还别说，这几个字啊写得还挺像样的。"景帝高兴地说："谁说不是呢！"王美人不失时机地说："皇上，臣妾觉得彻儿重情重义的样子，特别像皇上。"景帝颇有同感地点着头。

"七国之乱"平定之后，大臣们都向景帝进谏要早日立储。大臣们认为，皇储之位不可久空，久空则生乱。"七国之乱"固然因削藩而起，但跟皇上的传承制度不明有很大的关系，所以要想断绝窥视者的妄想，就必须尽快立储。

景帝觉得众臣之谏不无道理，就立"贤"与立"长"的问题与大臣们商议。大臣们都认为，皇子们都还年幼，贤与不贤很难区分，还是按照长幼有序、嫡庶有别的规制，立皇长子刘荣为储君。景帝没想到敦厚的刘荣在朝臣中有这么好的口碑，尽管皇子刘彻是景帝心中的最爱，可一想到上次为梁王接风的家宴上母后给自己制造的那份尴尬，他就对自己说："荣儿就荣儿吧！都是自己的皇子，扶上马送一程看看吧！"于是，在孝景帝四年（前153年）四月乙巳日，颁诏立皇长子刘荣为太子。

有一天，景帝去长乐宫请安。

当窦姬听景帝说已颁诏立刘荣为太子时，气得差点背过气去，她极力压住心火，对景帝说："哀家今天算是明白了，哀家不是你的母亲，武儿不是你的弟弟！请皇上回吧！"景帝赶忙双膝跪地，对窦姬说："皇儿惹母后生气了！母后这是说的哪里话。"窦姬说："既然皇上还知道哀家是你的母后，那我敢问皇上，你以为哀家要你传位于武儿，是为了哀家这个太后吗？"景帝说："母后息怒！我汉朝的规制是皇位传子不传弟，皇儿如果一意孤行，势必引起朝臣们的反对。"窦姬闻言，轻蔑地"哼"了一声："朝臣？你弟弟刘武为你死守睢阳的时候，你的朝臣们在哪儿？你是皇上！一言九鼎！当初你既已答应过哀家'千秋之后传位梁王'，如今却自毁诺言，出尔反尔，请皇上告知哀家，你的孝道在哪里？你的兄弟情义在哪里？"景帝听窦姬提及上次酒宴上失言之事，心里不免感到有些内疚，景帝乞求地解释道："母后，皇儿不孝，皇儿愿受母后的任何发落。可立储的诏书已下，立储的事已成定局……"窦姬武断地终止了景帝的谈话："有武儿的孝敬，哀家已经知足了！皇上还是请回吧！"景帝只得悻悻地离开了长乐宫。

刘荣被立为太子，生气的不只窦姬一个人，还有王美人。只是王美人由于身份所限，她不能，也不敢像窦姬那样公开地向景帝表示自己的愤怒和失望，她只能忍气吞声，小心翼翼、谨慎无比地继续着自己的努力，时刻留意着宫中微妙的人际关系，捕捉着对自己有利的信息，伺机转败为胜。终于，王美人等到了一个机会。

栗姬自刘荣立为太子后，比以往更加不可一世，举止言谈常以皇后自居，眼睛里除了景帝，连太后也有些视而不见了，更别说后宫的嫔妃了。恰在这时，景帝的姐姐长公主刘嫖，因求贵心切，在栗姬面前碰了一鼻子灰。

长公主刘嫖生性聪明，善解人意，深得母后窦姬的宠爱，而且与景帝兄弟俩也关系融洽，手足情深。特别是景帝对这位皇姐更是言听计从，笃信有加，宫中年轻、聪明的宫女，都是挖空心思，使尽手段与这位长公主套近乎、送人情，希望能够通过长公主而得到皇上的宠幸，从而使身价倍增，扶摇直上。长公主也乐意为这些聪明漂亮且"会来事儿"的宫女们牵线搭桥。因长公主和景帝系一母所生，自小就生活在一起，对于景帝的好恶了如指掌，长公主总是对中意的宫女面授机宜，告诉她们皇上的喜好，指点她们如何去做。由于长公主举荐的佳人多合景帝的眼缘，龙颜大悦之后，封赏自不在话下。长公主因此在宫中极有人缘，那些经长公主举荐而成为嫔妃的人，自然对长公主感激涕零；而景帝也由此念着皇姐的好，对皇姐更加看重。

在宫中嫔妃千夸万夸长公主的同时，栗姬却把长公主恨得咬牙切齿。栗姬生性好妒，且恃宠而骄，她心里容不得皇帝宠幸其他嫔妃，她恨长公主今儿一个美人，明儿一个佳丽地讨好皇上，使自己的地位受到威胁。一向聪明、周全的长公主，这回却办了件鲁莽的事。她只顾着哄皇上弟弟高兴，在宫中广结善缘，却偏偏忽略了栗姬宠妃的感受。待刘荣刚刚立为太子，长公主便又打起了小算盘。

长公主嫁于堂邑侯陈午，生了一个女儿名阿娇。阿娇生得伶俐漂亮，是长公主的掌上明珠。长公主认为阿娇只有嫁给太子，做上皇后，才能使富贵永存。在长公主看来，刘荣和阿娇那真是天生的一对，论相貌阿娇美艳绝伦，论家世阿娇也称得上金枝玉叶，况且又是表兄妹，这等亲上加亲的好事天下难寻啊！这桩婚事，只是想，长公主都要笑出声来了。急性的长公主风风火火地来到了伶牙俐齿的程妃宫中，开门见山说明了来意。程妃一听，连声称好，心想这等顺水人情我何乐而不为呢？自告奋勇应了长公主："这事就交给妹妹了，皇姐就坐等佳音吧！"

程妃兴冲冲地来到了栗姬宫中，巧舌如簧地替长公主向栗姬提起亲来，栗姬听罢嗤之以鼻，心想：前番荐宫女给皇上的时候咋没想起我呢？这会儿我儿子做太子了，你倒看见我了？就你女儿的那副德性，也配做皇后？简直是异想天开，可笑！我得趁此机会，玩长公主一个难堪，出一出压在心上的这口恶气。于是，栗姬阴阳怪气地对程妃说："这皇姐可真是高看我们娘俩了。皇姐是什么人啊，那是太后和皇上跟前说一不二的主啊！我们可不敢高攀，程妃妹妹该不是又得了皇姐什么好处才来说媒的吧？"栗姬的这番话羞得程妃满脸通红，原为宫女的程妃就是因了长公主的举荐，才得以封妃的。程妃原以为这门亲事十拿九稳，自己也好落个两面人情，不料栗姬不仅拒绝了婚事，还把自己挖苦得无地自容，气愤至极的程妃见到长公主便添枝加叶地向长公主说了一大堆栗姬的坏话："她有什么了不起的，连皇姐的人情都不买了？不就儿子当了个太子吗，至于那么尖酸刻薄、盛气凌人吗？咱阿娇到底哪里配不上太子了，让她这么糟践？儿子还没做上皇帝呢，她就这样，要是将来有朝一日她儿子真的当上了皇帝，那还有我们的好日子过吗？"听了程妃的话，长公主气得两眼发黑：

程妃向长公主告栗姬状

"好你个栗姬，本公主倒要看看你儿子怎么当皇帝！"

气急败坏的长公主，当下就打算去母后窦姬那儿数落数落栗姬，快走到长乐宫的时候，她突然想起了这些天母后正为景帝不立刘武而立刘荣的事耿耿于怀呢，要是母后知道我赶着追着栗姬攀亲……这事不能让母后知道。可今日栗姬使她受的污辱，说什么也不能这么算了，反了她了！太后和皇上也从没这么怠慢自己！长公主想未央宫前殿她是进不去的，看来景帝这会儿是见不着了，还是去猗兰殿找王美人吧，说说话跑跑气儿。

听着长公主满腹怨气的诉说，王美人脸上露出了一丝不易察觉的讥笑，栗妃呀栗妃，你真的是聪明反被聪明误呀！长公主是什么人？她是太后的唯一宝贝女儿，在太后面前是求一应十的主儿，别说梁王了，就连皇上对这位皇姐也是言听计从，这样一个人往日想拉扯扯扯还苦于找不着合适的由头呢，多好的机会呀！你栗妃就这么轻而易举地放弃了？这等好事摊你身上你都不要，那你可就怨不得我王美人了。于是，王美人对长公主说："阿娇玲珑标致，聪明可人，栗娘娘真是肉眼不识珠啊！唉，只可惜我家彻儿仅是个胶西王，配不上阿娇，要不然我会求皇姐把阿娇许给彻儿的。"长公主眼睛一亮，心想：是啊，彻儿人小志气大，又是皇上最宠爱的皇子，谁说栗太子将来一准就是皇上？与王美人联手除去栗姬母子！栗贱人你等着瞧，别以为本公主好欺负。长公主盯着王美人的脸问道："妹妹刚才说的话当真？"王美人说："妹妹就是再借一个胆儿，也不敢跟皇姐说假话呀！"长公主到这时方才面带笑容："既然如此，皇姐就做主把阿娇许给彻儿。"王美人闻言，欢天喜地忙起身向长公主施礼道谢："皇姐可真是抬举我们母子了。只是不知道太后和皇上怎么想？"长公主道："太后和皇上那儿，我会去说的。"两人正说话间，小刘彻回宫了，见到皇长姑小大人似的施礼问安，长公主本来就喜欢刘彻，今天又有姻缘相连，见了刘彻更生一番爱意。"彻儿，快！到姑姑这儿来。"待彻儿起身，长公主便抱彻儿到了膝上，笑意尽现地在彻儿的脸上亲了一口，问道："彻儿喜欢阿娇姐姐吗？"彻儿点头说："喜欢。"长公主又问："那彻儿将来娶阿娇姐姐做媳妇好不好？"彻儿看了看母亲，又看了看姑姑，说："当然好了！彻儿最喜欢和阿娇姐姐玩了！"长公主再问："要是阿娇姐姐做了彻儿的媳妇，彻儿会对她好吗？"刘彻看到姑姑一脸认真的样子，顽劣地笑了起来。王美人责怪说："这孩子！笑啥呢！姑姑问你话呢！"刘彻仍是那样笑着："不告诉你们！"说着就准备向外跑，长公主一把拉住了他："彻儿乖，姑姑最喜欢彻儿了，快告诉姑姑。"刘彻看到姑姑着急的样子，立刻止住了笑，他把嘴凑在姑姑的耳旁："我会用金子盖一座又大又好看的房子，让阿娇姐姐住进去。"刘彻说完看着姑姑惊喜的脸又笑了。长公主激动地重新捧起了刘彻的小脸，左亲一下，右亲一下："哎呀，我的乖彻儿！我说妹妹，彻儿怎么会想起来'金屋藏娇'呢！真是前世修来的良缘！"

长公主兴冲冲地来到长乐宫，刚刚坐定，就又想起刘彻前番说"金屋藏娇"时的神情和模样，顿时喜从心来，忍俊不禁，窦姬莫名其妙。长公主忍住笑说："母后，闺女今天给阿娇找了门好婆家，您说我能不高兴吗？"窦姬一听是她最疼爱的外孙女的婚姻大事，立刻来了兴致。说实在的，窦姬这些天为了立太子的事，一直心生闷气。阿娇有了婆家？这可真是件喜事啊！窦姬抓着长公主的手，急切地问："是哪家的王侯？"长公主欲擒故纵地卖关子说："是个好人家。母后要先点了头，闺女才告诉您。"窦姬道："好了！好了！要是人家合适就依了你，快说吧！"长公主便绘声绘色地把刘彻说的话又重复了一遍。窦姬听罢，问："有这等奇事？彻儿真说了要'金屋藏娇'？"长公主说："瞧您，母后！闺女还骗您不成？母后啊，闺女这回算是信了，这姻缘真的是前世修来的！要不，这才几天不吃奶的孩子就知道'金屋藏娇'？"窦姬说："就是阿娇比彻儿大了几岁。不过，要是彻儿真的知道'金屋藏娇'，这还真是天作的姻缘。"

第二天，景帝到长乐官向窦姬请安。窦姬问景帝："皇上听说了没有，你那鬼精灵彻儿要'金屋藏娇'哩！"景帝问："什么'金屋藏娇'？皇儿没听说。"于是，窦姬笑着把事情的始末告诉了景帝，末了又问景帝："这才多大的人啊。皇上，你说这是不是天意？"自从景帝立太子以来，景帝与窦姬的关系就比较紧张，景帝有好长时间没有得到窦姬的好脸色了，今天见窦姬这么高兴，就讨好地说："谁说不是呢！要是母后和皇姐都觉得合适，皇儿也没什么说的。可，可彻儿这么小就，就……"景帝话说了一半，嘿嘿地笑了起来，窦姬也笑着说："要不怎么说这彻儿是个人精呢！"窦姬和景帝母子几个月来冰冻的关系，由于刘彻的亲事而稍有融解。景帝更加觉得刘彻是秉承天意而降的吉祥孩子。

景帝决定改立太子，当然与长公主的使绊、拆台不无关系，但更主要的是刘彻的崭露头角，使汉景帝坚定了易嗣的决心。

一日，景帝驾幸猗兰殿，茶余饭后，兴趣盎然，问及刘彻学业，刘彻把伏羲以来群圣所录阴阳征候及龙图龟策，洋洋洒洒数万言，背得一字不差。景帝高兴地把刘彻抱于膝上，问道："彻儿喜欢做天子吗？"刘彻回答："这不是皇儿喜不喜欢的事，做天子是要顺应天意的。有道是'天意不可违'。皇儿只愿父皇千秋万岁，皇儿只愿在父皇膝下嬉戏、学习，将来做一个知书达理的谦谦君子。"景帝闻言，龙颜大悦，才几岁的孩子，竟这般明白事理。

不久，刘彻又办了件让景帝愕然的事。有一个叫防年的年轻人杀死了继母，廷尉以大逆罪处以极刑，景帝认为此案断得不妥，可一时又说不上不妥在哪儿。景帝沉思着来到了御花园。

景帝问："彻儿喜欢做天子吗？"

"父皇！"景帝闻声望去，只见小刘彻拽着刘荣一起飞奔而来，"父皇！"景帝慈爱地用手刮了一下刘彻的鼻子："嗯，你们在干什么呢？"刘彻说："我和荣哥哥一起玩呢！父皇呢？"景帝说："父皇出来转转，想想廷尉的案子。"刘彻感兴趣地说："什么案子？皇儿想知道。"景帝又看了看刘荣，若有所思地说："好吧！父皇就说给你们听听。有个叫防年的人，自幼丧母，父亲又为他娶了继母，而继母因为与他人有奸情，设计害死了防年的父亲。等防年长大后，知道了父亲真正的死因，气愤地杀死了继母。这个案子廷尉按弑母判了防年大逆罪。你们说，廷尉这案断得如何？"太子刘荣一脸的茫然。刘彻一脸的认真："皇儿认为廷尉判得不妥。"小刘彻看了看父皇疑惑的眼睛，继续说道："防年杀死的是继母而不是生母。继母和防年的母子关系来源于父亲，自继母杀死父亲的那一刻起，这种母子关系就已不复存在了，所以防年不能按弑母判大逆之罪，判为普通的杀人罪便可。"景帝听着小刘彻入情入理的推论，兴奋得两眼放光，大汉的盛世之主，非彻儿莫属！

当景帝决定废储时，遭到了窦婴、周亚夫、袁盎等大臣的极力反对。窦姬为立刘荣太子的事大为恼火，这次知道景帝要废太子，不但没有如前那样横加干涉，反而心中窃喜。景帝在窦姬的默许下，不顾众臣的反对，强行罢免了太子刘荣，改封刘荣为临江王。

太子被废黜后，窦太后再次胁迫景帝立梁王为皇储。窦姬对景帝说："皇上身为汉室的子孙，就要守好大汉的基业，这是皇上对列祖列宗应尽的孝道。皇子们年纪尚幼，一旦皇上山陵崩，哀家担心重演'吕氏专权'的悲剧。皇上不如先把皇位传给武儿，等皇子们长大了，再由武儿择一贤者，把皇位传给他。这样，皇上既尽了孝道，也尽了兄弟情义，这不是两全其美的事情吗？皇上干吗非要墨守成规让哀家伤心呢？"景帝不由得苦笑了，这时的母后哪里看得出是崇尚黄老学说之人？一而再，再而三地拿着"孝道"为幌子进行逼宫，这难道是"寡欲"之人的做派？景帝为了避免与窦姬的关系陷入僵局，婉转地说道："太子毕竟是国家的重器，废黜太子已遭到一些大臣的非议，请母后给我一些时间考虑考虑。"

景帝对窦姬心口不一的做法十分生气，他对周亚夫、窦婴、袁盎等朝臣们说："太后多次逼朕传位给梁王，朕又有话柄落在她手里，朕现在真不知该怎么办了。"众臣极力反对传位梁王，思来想去，推荐了敢言的袁盎前去劝谏太后。窦姬听罢袁盎措辞激烈、引经据典的劝谏，窦姬没想到"兄终弟续"的想法会遭到这么大的阻力，见多识广的窦姬已经意识到，如果再坚持己见，就会冒天下之大不韪，使自己身陷被动的局面，闹不好还会给武儿惹下性命之危，思忖再三，窦姬终于决定在立嗣问题上做出让步。

刘彻终于在长公主与王美人的策划下，在景帝与窦姬反反复复的冲突中，登上了太子之位。

不久，袁盎等几位大臣因为参与了议嗣，被梁王刘武暗杀于长安，成了皇储之争的政治牺牲品。

景后废立

小薄后最终被栗姬从宝座上拉了下来，王美人不知暗地里笑了多少回。王美人与栗姬的最大不同就是，王美人能把自己的野心隐藏于笑靥中，而且藏得滴水不漏。有了刘彻之后，她不仅对景帝更加殷勤，而且在宫中广结人缘，低调处世，友善待人，潜行于通往皇后宝座的路上。景帝七年（前150年）四月十七日，王美人终于如愿登上

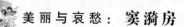

了皇后宝座，从此中国历史上又多了一个干政的太后。

汉景帝的皇后是薄太后的侄孙女，景帝做太子时，由薄太后做主成为了太子妃。时为皇后的窦姬，由于和薄太后的婆媳关系极好，自然也是欢天喜地地很爱见这个贤淑、忠厚的儿媳妇。

不知是老实本分的小薄后不善于卖弄姿色，还是她与景帝的夫妻缘浅，尽管小薄后在宫中与人为善，与世无争，可就是没有换来景帝对她一丁点儿的垂爱，最后终因居后位多年无子而被废。

窦姬初听景帝有意废后时极力反对，窦姬问景帝："薄后生性贤淑，为人厚道，入宫这些年来恪守宫规，极尽孝道，现无辜而废，是何道理？"景帝解释说："母后说得极是，可母后想过没有，薄皇后千好万好，但这些年她一直也不曾养育有一男半女。就这一条她就不能稳坐后位。如果仍让薄皇后占据后位，将来的太子又非薄皇后亲生。母后！这宫闱多险恶，皇儿怕最终反而害了薄皇后，所以，无论如何要让薄皇后让出后位来。"窦姬认为景帝言之在理，也就不再反对，虽说由着景帝废掉了薄皇后，可心里对这个儿媳妇充满了同情与怜惜。

在景帝所有的嫔妃中，最得宠的是栗姬和王美人，可这两个儿媳妇，窦姬都不甚喜欢。

最早为景帝生下儿子的是栗姬。栗姬是齐人，善舞乐，颇有姿色，深得景帝宠爱。栗姬个性张扬，逞强好胜，快言快语，喜怒哀乐全在脸上。今儿与这个嫔妃争风吃醋，明儿又因皇子与那个嫔妃大打出手，整日的东家长西家短地喋喋不休。在后宫所有的嫔妃眼里，栗姬简直就像一个横行霸道的螃蟹，但碍着景帝，所有的人都是敢怒不敢言。

栗姬在后宫神气十足，目中无人，可在景帝面前，除了使点儿小性子外，还是蛮娇媚可爱，饶有情趣的。还别说，在景帝眼里，栗姬的任性、要强都成了与众不同的优点。由于皇上操纵着后宫所有女人的喜怒哀乐，乃至生杀大权，所有的嫔妃都是低眉顺眼，柔声细语，极尽讨好之态，尽管嫔妃众多，景帝常觉得没有男人的乐趣。只有在栗姬这儿，景帝才会觉得自己不仅是个皇上，而且是个男人。栗姬从来没想过她的男人是皇上，皇上要有三宫六院的，所以她会因景帝去其他的嫔妃处，在景帝面前哭闹，使性子。有时，栗姬也会为想吃某样东西或想戴某种饰品而向自己的男人开口索要。景帝总是以大男人的姿态，由着栗姬耍闹。日子嘛，就得这样过！它不只有阳光明媚，还要有和风细雨，有时还真需要点急风骤雨，这样才有趣！所以，栗姬在满园春光的后宫独占鳌头，景帝在栗姬这儿情浓浓，乐融融。

自从儿子刘荣被立为太子，栗姬就铁定地认为皇后之位早晚是自己的，于是她向善良、无辜的薄皇后发起了一轮又一轮的攻势。

当栗姬在前台大打出手的时候，她万万也想不到一双充满玄机的眼睛正悄悄地注视着她，静静地等待着坐收渔翁之利。这人就是王美人，史称王太后。

王美人的母亲叫臧儿，是燕王臧荼的孙女。臧荼谋逆被杀，家道衰落，臧儿下嫁了老实巴交的王仲为妻，生一男二女，王美人为长女。日子过得虽说不宽绰，但老实的王仲无论大事、小事都顺着臧儿，夫妻倒也恩爱和睦。再有儿女绕膝，穷日子里也有不少欢笑。可这样的日子没过几年，王仲病故，中年丧夫的臧儿，迫于生计再嫁田氏，又生二子，日子是越过越紧巴。穷极难耐的臧儿，在王美人刚到出聘年龄时，便匆匆地为王美人找了一门婆家，早早地把一个如花似玉的王美人嫁与猥琐的金王孙为妻。

一日，村头来了一位高士，看到臧儿弯腰施礼道："这位大嫂要大富大贵了！"臧儿恭敬地请教高士："敢问高士，我何来的富贵？"

高士仔细审视了臧儿："大嫂的富贵来自女儿，请告知你女儿的贵庚。"臧儿把小女儿息姁的生辰说与了高士之后，臧儿又想到了王美人，迟疑了一下，又把王美人的生辰也告诉了高士。高士经过一番推算，告诉臧儿，她的两个女儿都主贵，但小女儿贵不及大女儿，大女儿有国母之贵。女儿已经嫁人了，还哪来的国母之贵？臧儿半信半疑。可毕竟臧儿也出身名门，三十年河东，三十年河西的事，她见多了，谁能说得了将来大汉朝的皇后不是臧儿的女儿？出于对往昔富贵生活的留恋和向往，臧儿下定决心，只要一有机会，无论如何都要让大女儿去试一试。

当臧儿听说皇家选良家女的消息后，便急匆匆地叫回了大女儿王美人。当王美人听说母亲要自己舍夫弃女进宫时，说什么也不肯。臧儿苦苦地劝道："为娘的已请高人为你测过八字，你有皇后之贵。你若狠不下心来，哪来的荣华富贵？瞧金王孙那样，你跟着他有什么好？穷日子你还没过够啊？"王美人听母亲提到金王孙，顿觉有些窝火，想到要与金王孙过一辈子，不禁对眼前选美的事有些动心。她问母亲："我已是结了婚的人啊，'良家女'的条件我也对不上呀。"臧儿说："我闺女长得如花似玉，难道结没结过婚还写在脸上不成？"王美人在母亲的劝导、诱说下决定前往官府试一试。

王美人在经过了母亲的一番精心打扮之后，由母亲陪着前往应试，不想一试即中，遂入宫中，被派往太子官服侍太子刘启。风姿绰约、沉稳得体的王美人，深得太子刘启的宠爱，可偏偏王美人肚皮不争气，只生女儿不生儿子。气量狭窄的栗姬，每每以此恶语相加。王美人生气、难过之余，不由得有些着急，在太子跟前最得宠的要数栗姬和自己，自己和栗姬相比总是略逊一筹。论时间栗姬比自己进宫早；论容貌栗姬比自己长得水灵、妩媚，加上官里的条件好，容貌一直养护得极好；论生子栗姬生的都是儿子，自己却偏偏只生女儿。单凭贤淑练达的性情又能留住太子几何呢？

　　为防患于未然，王美人煞费心机地思索着应对之策，王美人想到同样有"命贵"之相的妹妹息姁。息姁也已到了待嫁年龄，母亲一直等着能使息姁大贵的婆家，所以息姁始终待字闺中。如果能把妹妹也弄进宫来，自己不就多了一个帮手了吗？假如妹妹真能生下儿子，那不就如同我自己有儿子一样吗？

　　等到刘启再次驾幸王美人的时候，王美人便向刘启推荐了自己的妹妹，王美人将息姁描述得千好万好，甚是诱人。时值王美人正得宠幸，刘启自然爱屋及乌，更何况王美人不遗余力地大力举荐，刘启自然满口应允，随即便差人携带聘礼，将息姁接入宫中。息姁果然不负姐望，入宫即得刘启垂幸，翌年即生广川王刘越。王美人此举可谓一箭双雕，不只为自己找到了好帮手，而且还起到了固宠的作用。刘启感慨于王美人的贤德，非但没有喜新厌旧，反而更加宠爱王美人了。一时间，姐妹花红极了太子宫，她们常伴刘启左右，互相照应，互相呵护，日子过得舒心、快乐，栗妃虽然妒火中烧，可也一时奈何不得。

　　王美人与栗姬的最大不同就是，王美人能把自己的野心隐藏于笑靥中，而且藏得滴水不漏。有了刘彻之后，她不仅对景帝更加殷勤，而且在宫中友善待人，广结人缘，潜行于通往皇后宝座的路上。

　　在窦姬心里还没有最后锁定皇后人选时，在景帝还在为皇后的人选左右摇摆时，王美人和长公主刘嫖便联手展开了易太子、立皇后的攻势。

　　自王美人与长公主结为亲家后，长公主便经常牵着刘彻和阿娇去长乐宫给窦姬请安，刘彻的聪明伶俐及孩子们玩耍时的童趣，常使得寡居的窦姬笑逐颜开。善解人意的刘彻还会不时地为窦姬揉肩捶背，乐得窦姬赞不绝口："'从小看大，三岁到老'，这彻儿将来可了不得！"长公主就一边应声附和，一边大夸王美人教子有方。夸奖王美人的话从窦姬最爱的女儿口中说出，窦姬不但没有反感，反倒不住地点头称是。窦姬再固执，也禁不住长公主三天两头的耳旁劲风，窦姬的耳根岂有不软之理？

一日，长公主与景帝谈起了立后的事，景帝无语。长公主说："皇上为难，我心里清楚。可为祖宗的基业和大汉朝的将来着想，这栗姬是万万不可为后的。"景帝知道栗姬身上有诸多毛病，但当着自己的面直言栗姬不配为皇后的，长公主还是第一个人。自己一向信任、尊敬、亲近的姐姐，在自己面前这么指责自己的宠妃，景帝带着不快的疑惑问："皇姐这话是从哪儿说起呢？"长公主解释说："皇上是不知道！栗姬平常喜欢用妖道邪术诅咒后宫的各位夫人及宠姬，每遇聚会，栗姬必让侍从在她们的背后吐口水咒骂。这样的人要真立为皇后，保不准后宫又要有'人彘'了。"景帝听长公主提起了吕后时惨无人道的"人彘"事件，不由得毛骨悚然，心里沉重得像压上了一块巨石。

由于长公主和王美人从中作梗，后宫的嫔妃们不停地在景帝跟前搬弄栗姬的是非，景帝对栗姬的憎恶日增一日，就连太子也看不顺眼，时觉怯弱无能，常有废黜的想法。精明的王美人知道景帝怨恨栗姬，为了给景帝火上浇油，王美人暗中派人授意大臣上书奏请立栗姬为后。于是大行官上书奏请皇上立栗姬为后，书中言："儿子因母亲而尊贵，母亲因儿子而尊贵，如今儿子已是太子，而太子的母亲还没有应有的称号，这有悖于常理，请皇上立太子的母亲栗姬为皇后。"景帝看完，自尊心受到了很大的伤害，什么"儿子因母亲尊贵而尊贵"，这显然是受了栗姬的唆使，分明在指责朕的母后出身官女，对朕的身份进行挑衅！景帝大怒道："这是你身为人臣该讲的话吗？"这个可怜的大行官稀里糊涂地就做了后位之争的替死鬼！

栗姬听说后，哭哭啼啼地找着景帝喊冤，景帝武断地根本不给栗姬解释的机会，栗姬这会儿似乎明白了"君王无常性""伴君如伴虎"这些平常不入心的话的分量。怎么办好！怎么办呢？急得团团转的栗姬，此时想到了长公主，想到了窦太后，甚至想到了王美人，又怎么开口求她们呢？恶果都是盛时种下的。栗姬陷入了孤立无援的境地，她恐惧到了极点，她整夜失眠，"荣儿，荣儿该不会……"终于栗姬最担心的事情发生了，盛怒之下的汉景帝一道圣旨废了太子刘荣，降为临江王。栗姬闻讯一头栽倒在了地上。

王美人借他人之手，铲除了通向皇后之路的一个又一个障碍。王美人心态更加平易、随和，每日里仍若无其事地相夫教子，向太后请安，并时常在景帝面前为栗姬求情。景帝觉得这王美人简直就是女中君子！这样的贤德之人哪儿寻去？景帝决意要立王美人为后。为了避免再次与母后发生分歧，汉景帝请皇姐长公主出面先与母亲说。

这天，长公主又到窦姬这儿闲聊了，言谈间长公主好似不经意地说："母后，您说这皇上是怎么想的，这么长时间了，后宫一直无主，皇上丝毫看不出有立后的意思。"窦姬叹了口气道："唉！皇上哪都好，就是没长性，宠妃不停地换，就没消停过。嫔妃间争风吃醋，吵吵闹闹的真让人烦！早该有个皇后管管后宫了。你见了劝劝皇上。"长公主说："立不立皇后是皇上自己的事，别人说了能算数吗？"窦姬说："要是细想起来，还真没有一个合意的。"长公主说："差不多就行了吗！像您这样的，这世上能有几个？"窦姬笑道："鬼丫头，又在奉承人了！那你说说谁'差不多'呢？"长公主说："我说的能合母后心意吗？还是不说了，免得母后骂我。"窦姬道："要你说你就说呗！披披藏藏的干什么？"长公主试探着，轻轻地吐出了"王美人"三个字。窦姬一脸正色道："这王美人举手投足倒也大方得体，只是心机颇深，让人难以揣摩。再说这王美人是易嫁到宫中

栗姬找景帝哭诉

来的……"长公主撒娇说："母后，您忘了王美人是女儿亲家了？再说了，皇祖母不也是易嫁给高祖爷爷的吗？您看，这王美人把彻儿调教得多好！"窦姬听长公主提到了她最钟爱的孙子，笑着打圆场说："我也就这么一说。用你的话说立皇后是皇上自己的事，皇上愿立谁就立谁吧！今儿彻儿和阿娇咋没来呢？"长公主忙说："明儿再带他们来，今儿正读书呢！"

长公主高兴地把见母后的情形一一说与了景帝。景帝过了几日把欲立王美人为后的事，正式向母后禀报。窦姬说："皇上自己的媳妇，皇上看着办吧！"

汉景帝七年（前150年）四月十七日，王美人终于如愿登上皇后宝座，从此中国历史上又多了一个干政的太后。

窦姬在干预朝政、行使母权的时候，常觉力不从心，毕竟历史的巨轮已经远离了母权时代，不管窦姬的手段多么武断，多么狠心，所打的幌子多么冠冕堂皇，在立太子和立皇后的问题上几经波折，最终还是以无可奈何听任由之而告终。

"苍鹰"被折

废太子刘荣流着伤心、怨恨、绝望的泪水，给自己的父皇写了封谢罪书，自杀于中尉署中。窦姬听说刘荣的死讯，伤心之余，迁怒于郅都，咬牙切齿地说："又是这个郅都！"窦姬听说景帝瞒着自己让郅都到雁门郡做了太守，大怒。窦姬逼景帝召回郅都，竟以莫须有的罪名杀害了他，为自己的孙儿报了仇。法家和它的信徒们，皆是治国有道，执法严苛，但防身无术，善终者鲜，岂不悲哉！

汉景帝时的中尉郅都，执法异常凶猛，行法不避权贵，人称"苍鹰"。

郅都在汉文帝时踏入仕途，初为郎官，服侍汉文帝。郅都主要活动在景帝时期，他以廉洁公正、为人勇敢、严正执法而深得景帝信任。然而，这样一位社稷之臣，却做了西汉初期由"无为"向"有为"过渡的政治牺牲品。

郅都在景帝初年担任中郎将，敢于向朝廷直言进谏，在朝廷上能以犀利的言辞直刺问题的症结，从而当面使人折服。郅都曾经随景帝到上林苑，贾姬到厕所去，突然一只野猪闯进了厕所，贾姬刺耳的尖叫声立时传了过来，景帝焦虑地示意郅都前去救贾姬，郅都全然视若不见，景帝有些恼火，手握宝剑欲亲自去救贾姬。郅都见状，跪在景帝前面阻拦道："皇上失掉一个姬妾，还会有新的姬妾进宫，难道天下还缺少贾姬这样的美人吗？皇上纵然轻看自己，也要为祖庙和太后着想，皇上万一有个闪失怎么办呢？"景帝被郅都阻拦着无法脱身。那野猪在厕所里转了一圈，又走了。贾姬毫发无所损，只是被吓得面无人色，抖作一团。后来，窦姬听说了这件事，感叹于景帝身边还有如此的耿直谏臣，为示以教人，赏赐了郅都黄金百斤，由此重视郅都。

郅都正直廉洁，他从不翻阅私人求情的信，不私下接受私人赠送的礼物，甚至连私人的请托他也不听。郅都周围的亲朋好友，担心他过于耿直的性格会给自己招惹麻烦，常对他这种"不食人间烟火"的做法进行劝导，郅都说："我既然已经放弃了对父母应尽的孝道，而选择了在朝廷做官，那么我就一定要做到在官位上奉公尽职，保持节操而死，不能还有私欲顾及家中的妻儿老小。"

郅都欣赏、崇拜行侠仗义的英雄，对朝中的权贵绝不阿谀奉承。

汉初名将季布的弟弟季心，勇盖关中，待人恭敬谨慎，常喜好行侠仗义，关中方圆几千里的士人都愿意跟随季心这样的英雄，郅都一直都很仰慕季心的侠义胸怀，对季心谦卑尊重。时周亚夫任丞相，自恃有功于朝廷，待人接物骄傲异常，郅都每次见到周亚夫都能做到不卑不亢，只是施礼问好，但从不趋炎附势，卑躬屈膝。

由于西汉初年一直实行无为而治的治国方针，百姓们休养生息，安居乐业，民风淳朴，大都守法自重。然而一些皇亲贵族地方豪强却在朝廷无为而治的宽松政策下，大干不法之事，兼并土地，杀人越货，贪赃枉法，无恶不作。郅都率先实行法家的有为做法，用严酷的刑法，严厉地打击镇压不法分子，且执法不畏权贵、不避皇亲。列侯皇族及权贵之人对他是又恨又怕，视他为克星，在路上遇到他都要侧目而视，背后称他为"苍鹰"。

济南有家姓瞷的大族，宗族共有三百多家，其族人仗着人多势众，强横奸滑，横行街市。历任太守对此都束手无策，要么与其同流合污，贪赃枉法，要么被其排挤，卷起铺盖走人。瞷氏族人把整个济南搞得乌烟瘴气，鸡犬不宁，人人自危。瞷氏族人的强取豪夺，目无王法已严重影响了济南郡百姓的正常生活。汉景帝决心切除这个肿瘤，于是把郅都派到了济南郡。郡中百姓久闻"苍鹰"大名，都暗中欢呼雀跃，奔走相告。郅都到任后，果然不负众望，他暗访掌握了瞷氏族人违法乱纪、残害百姓的诸多事实，一举杀了瞷氏几十个恶贯满盈的首恶分子，其余的瞷氏族人都被郅都此举吓得瞠目结舌，大腿发抖，再也不敢危害乡里。经过了一年多的整治，济南郡变得路不拾遗，夜不闭户，百姓终能安居乐业。郅都也由此更加名声大振，周围十多个郡的郡守畏惧郅都就像畏惧上级官府一样。

郅都所推行的严刑峻法，冲撞了在"无为"中发展起来的既得利益层——王侯贵族。他们为了守护住自己的既得利益，他们不希望受

刘荣自杀于中尉署

到任何法律、法规的约束，他们仍旧希望国家无为而治，那样他们就可以任意妄为，使自己的利益膨胀到最大。于是，他们就用尽所有的手段，通过各种途径，到主张无为而治的窦姬跟前非议郅都。渐渐地窦姬由看重郅都变得厌恶郅都，偏偏这个时候，郅都又办了一件让窦姬顿起杀心的事情。

窦姬的长孙、原太子刘荣在临江为王，因扩建官室，侵占了宗庙地产，被召至京师问罪。景帝派郅都受理此案。许多人劝郅都不要插手此案，因临江王不同于别的王爷，他是废太子。皇上究竟是怎么想的，谁也揣摩不透，是出于政治目的除去刘荣，为未来的太子扫清障碍，还是让刘荣受受苦，杀一杀他原太子的傲气？接手此案，稍有不当，就可引来性命之忧。郅都认为，身为朝廷命官，首先应以秉公执法、维护朝纲为己任，哪里允许有诸多杂念掺与其中？终不听劝。

刘荣从千里迢迢的临江赶回了长安复命，一入官便被押在了中尉署。本已惊恐万分的刘荣，在受审之时又发现堂上坐的是闻名遐迩的"苍鹰"郅都，刘荣一下子绝望了。完了！完了！不行！不能这么等死，要向父亲呈表谢罪，说明情况。于是刘荣恳求郅都能给他些棉帛和笔，他要给父皇上书。郅都严厉地拒绝了刘荣的要求，所有的狱吏因惧怕郅都不敢给刘荣提供任何书写工具。魏其侯窦婴听说后出于对刘荣的怜悯，使银子买通了狱卒，给刘荣送来了书写工具。刘荣想到了母妃，想到了以往幸福、自由的生活，也想到了奶奶。奶奶是那么疼爱、珍惜她的孙儿们，奶奶一定不知道荣儿身陷囹圄。他又想到了父皇，从父皇对母妃的恩断义绝，刘荣已经领略了父皇的"君威"。刘荣知道，自己最大的罪过就是做过太子！父皇啊，荣儿与世无争地做个临江王不行吗？刘荣流着伤心、怨恨、绝望的泪水，给自己的父皇写了封谢罪书，自杀于中尉署。

窦姬听说了刘荣的死讯，伤心之余，迁怒于郅都。又是这个郅都！竟敢把刑惩用到哀家的孙儿头上！若不是郅都逼迫太甚，荣儿怎么会舍弃性命？盛怒的窦姬招来了景帝，窦姬问道："荣儿究竟犯了什么不可饶恕的死罪？竟连书写告罪的权利都没有？"景帝见窦姬动了真气，低声解释道："皇儿使母后生了这么大的气，皇儿有错！只是皇儿没想到荣儿这么不经事。"窦姬说："连写信的权利都没有，荣儿还有生的欲望吗？都是这个郅都给逼的！哀家要拿郅都祭奠可怜的荣儿。"景帝争辩说："母后，中尉执法没有错，郅都是个忠臣。"窦姬说："那哀家的孙儿就是该死的逆臣吗？"

　　尽管窦姬在立储的事情上极力干涉，但在窦姬心里这些个皇孙，个个都是她的心肝宝贝。景帝知道在郅都的事情上，自己绝对拗不过母后，可也不能像杀晁错一样，无端地再杀一个郅都。忠臣，错杀一个就已经够了，绝不能再错杀第二个。景帝为了保护郅都，实行了缓兵之计，让郅都免官回家。景帝将此回禀窦姬后，窦姬虽觉不甚满意，却也未置可否。过了不久，景帝即秘密派遣使者手持符节任命郅都为雁门太守，传谕不必回京复命，可直接取道上任，授权郅都到任后可根据实际情况自行处理政事。匈奴听说雁门郡的新太守就要到任，便差人多方打听郅都何许人，后得知郅都有节操，是朝廷出名的强硬派人物，不免从心里对郅都敬而畏之。于是匈奴人便知趣地离开了汉朝边境，郅都在任，匈奴人一直未敢靠近雁门。匈奴人以郅都为克星，做梦都想除去郅都，他们甚至做了像郅都模样的木偶人做靶子，让骑兵们奔跑射击，被郅都吓破了胆的匈奴人，见到木偶人也胆战心惊，手眼全不听使唤了，训练多次，竟无一人能射中靶子，匈奴人更加害怕。

　　窦姬听说景帝瞒着自己让郅都到雁门郡做了太守，大怒。窦姬逼景帝召回了郅都，竟无中生有中伤郅都，最终杀害了他。

　　郅都以法家的有为，严厉地整饬了朝纲法纪，损害了王侯贵族的切身利益，冒犯了主张无为而治的窦姬的权威，因而郅都的死是不可避免的。法家和法家信徒们，皆是治国有道，而防身无术，岂不悲哉。

袁盎被刺

梁王听说坏了自己春秋大梦的是袁盎这帮大臣，就对他们恨之入骨，于是就派刺客到京都行刺袁盎等人。刺客来到京城，听说袁盎是忠直之人，找到袁盎对他说："我受梁王雇用前来杀您，但我知道您是讲情义的好人，我的刀不杀好人。我虽不杀您，但别人仍会来杀您，请您好自为之。"躲过初一，躲不过十五，袁盎最终还是被刘武派的人杀害了。

袁盎尚"礼"，具有较浓厚的儒家思想，忠君爱国，直言敢谏，深得汉文帝信任，所言皆听。这样的一位宠臣，在景帝时期却身遭杀戮，其原因来自于窦姬的干政。

袁盎在吕后时期曾做过吕禄的家臣，汉文帝时，经哥哥袁哙举荐做了中郎将。

绛侯周勃因诛诸吕迎驾有功，被擢为丞相。每次朝觐之后，总是急急忙忙地走出宫殿，一副踌躇满志的样子。汉文帝对他非常恭敬，每每亲迎亲送。袁盎认为汉文帝这样做违背了君臣之礼，助长了绛侯的傲慢姿态，袁盎就向汉文帝进谏说："皇上认为绛侯是什么样的人？"汉文帝说："是国家的重臣。"袁盎说："臣认为绛侯是人们说的功臣，还称不上是国家的重臣。能与国家共存亡，能与皇上共生死的人，才称得上国家的重臣。昔日吕氏掌权，残害刘氏子孙，侵夺刘氏天下，致使刘家的天下像细微的丝带一样，在阴风怒号的天空中，飘飘忽忽，几近断绝。那个时候绛侯身为太尉，手握兵权，却没有匡扶正义，尽力挽救刘氏天下。现在说绛侯诛杀吕氏有功，是因为绛侯赶上了使他成功的好机会，吕后去世，大臣们群起而攻之，绛侯又掌握着兵权。所以说，绛侯是功臣，而不是重臣。如果绛侯在皇上面前居功自傲，皇上却纵容忍让，这样君臣都违背了礼节，臣私下认为皇上不应该采取这种态度。"汉文帝听取了袁盎的建议，以后在上朝时看到绛侯变得威严起来，这样一来，绛侯见到汉文帝再也不敢随便无礼，逐渐对汉文帝产生了敬畏。

后来，绛侯听说皇上是听了袁盎的建议才对他这样的，非常生气，他怨恨地对袁盎说："我与你哥哥袁哙有很深的交情，你小子却这么寡情薄义在皇上面前诋毁我！"袁盎也不示弱地告诉绛侯："君有君道，臣有臣节，君臣礼节不可荒废！倒是绛侯应该自重才是！"数月之后，绛侯被免除了职位回到了封地绛县。每当河东郡守和郡尉巡视各县到达绛县的时候，绛侯害怕遭到杀害，经常披挂铠甲，命令家人手里拿着武器陪他一起会见郡守和郡尉。于是，就有好事的人向朝廷告发绛侯谋逆，绛侯被召进京，囚禁狱中。公侯大臣们都不敢替绛侯说话，只有袁盎挺身而出，向汉文帝说明绛侯无罪。袁盎说："绛侯曾身带皇上的玉玺，统领北军，重兵在握的时候都不去谋反，难道回乡颐养天年的时候会去谋反吗？"汉文帝觉得袁盎言之有理，又经查实确实冤枉，就赦免了绛侯，重新恢复了他的食邑和爵位。通过这件事，绛侯彻底了解了袁盎的为人，与袁盎成了莫逆之交。汉高祖有八个儿子，经过吕氏的残害，在世的仅有汉文帝和淮南王刘长。汉文帝登基后，淮南王认为自己与皇上的关系最亲近，便骄横不逊，一再违法乱纪。淮南王自封国入朝的时候，跟随汉文帝到御苑打猎，违背君臣礼节，和皇上同乘一辆车，还常常放肆地直呼汉文帝"大哥"，并为报私仇杀死了辟阳侯。汉文帝念及手足亲情，而赦免宽容了他的过失。汉文帝的宽容反而使淮南王更加肆无忌惮，返国后不依朝廷法令行事，出入宫中皆号令警戒清道，还称自己发布的命令为"制"，另搞一套文法，一切模仿天子的声威。袁盎针对淮南王的违制行为，劝谏汉文帝说："诸侯过于骄纵必然会发生祸患，皇上应适当地削减他们的封地，限制他们的权力。"汉文帝念及淮南王是他唯一的弟弟，于心不忍，而没有采纳袁盎的建议。等到棘蒲侯柴武太子准备造反的事被发觉，追查治罪时，牵连到了淮南王，汉文帝不忍杀亲，就将淮南王贬到蜀地，用囚车传送。时为中郎将的袁盎再次劝谏汉文帝："淮南王任意妄为，违法乱纪时，皇上没有给予应有的限制和惩罚，以致使淮南王落到了今天这种地步。淮南王生性刚直，臣担心万一远去蜀地的路上有什么不测，人们就会认为天下之大皇上却容不下一个弟弟，而背上杀死弟弟的恶名。"汉文帝说："朕只是让他吃些苦头罢了。"汉文帝没有采纳袁盎的劝谏，仍旧下诏把淮南王贬往蜀地。

淮南王在传送的囚车里，羞愤交加，绝食而死。汉文帝知道了这个消息后，水米不进，哭得很悲伤。袁盎自责在这件事上，自己未能劝谏皇上改变心意，而向汉文帝叩头请罪。汉文帝痛心地对袁盎说："朕后悔没能听取你的建议，造成了今天这样的结果，朕该如何面对天下的人？"袁盎劝道："事已至此，皇上请自我宽心，过去了的事就不要追悔了。再说，这件事不足以毁坏皇上的名声，因为臣听说过皇上有三种高出世人的行为。皇上为代王时，太后患疾三年，三年的时间里皇上不曾睡过一个安稳觉，凡汤药必亲尝而后奉太后。皇上这样，即使连以孝闻名的曾参也自愧不如。诸吕当权时，大臣独断专行，而皇上带着少数随从，坐着六匹马拉的车，奔驰到祸福难料的京城来，即使孟贲、夏育那样的勇士闻之也自愧不如。皇上由代地抵达在京的代邸，曾五次辞让天子之位。许由辞让天下也不过一次，而皇上却辞让了五次。再说，这次皇上这么做，只是想让淮南王心志受些劳苦，使他改正错误，皇上并没有错。错就错在护卫的官吏不尽职，才出现了这样的后果。"袁盎的一番话，使汉文帝释然了许多，汉文帝问袁盎："该怎么处理这件事呢？"袁盎说："惩办渎职的官吏以向天下人谢罪。另外，淮南王的三个儿子，皇上要妥善安排。"于是，汉文帝把淮南王的三个儿子都封为王。

袁盎因此在朝廷名声大振。

袁盎常在汉文帝面前，慷慨激昂引经据典地说一些有关等级名分的道理，为此遭到了汉文帝所宠幸的宦官赵同的忌恨，赵同常常在文帝跟前中伤袁盎。汉文帝出巡，赵同陪同乘车，袁盎见状，伏在车前说道："臣听说陪同天子共乘高大车辇的人，都是天下的英雄豪杰。如今大汉朝就是再缺乏人才，皇上也不至于要一个受过刀锯切割的人来陪乘吧？"汉文帝闻言，笑着让赵同下了车。从此，赵同再也不敢在汉文帝面前诋毁袁盎了。

一次，汉文帝从霸陵上山，打算从西边的陡坡奔驰而下。袁盎见势，紧靠着汉文帝的车骑，用手紧握汉文帝的马缰绳。汉文帝戏说："将军害怕了吧？"袁盎严肃地说："臣听说家有千金的人就座时不靠近屋檐边，家有百金财富的人站时不倚在楼台的栏杆上，英明的君主不会心存侥幸而去做冒险的事情。现在皇上要驾六匹马拉的车，由高坡上狂奔而下，假如出现了马匹受惊车辆毁坏的事，皇上即使轻看自己，又怎么对得起高祖和太后呢？"汉文帝这才意识到自己欠考虑，就终止了这件事。

袁盎在做陇西督尉时，对士兵们仁慈、爱护，士兵们都争相为他效死。后来，提升为齐相，不久又调任吴相。袁盎知道吴王骄横，国中多有奸诈之人，心里极不愿意前往吴国为相，可皇命不可违，于

淮南王随文帝一块儿打猎

是，袁盎就和侄子袁种商量对策。袁种建议袁盎到吴地之后，不要正面和吴国君臣发生抗庭，要迂回行事，时常劝说吴王不要反叛朝廷，这样才可能侥幸避免祸患。袁盎到吴国后，就依袁种之计，每天都要邀请吴国的官吏们喝酒，套交情，久而久之，吴国君臣便打消了对这位朝廷命官的戒备心理，与袁盎相处得甚是融洽。袁盎取得了吴王及吴国臣子的信任，吴王很厚待袁盎，袁盎也就趁机劝导吴王，打消吴王的反叛之心。

　　袁盎从吴国返京回家的路上，遇到了丞相申屠嘉，便下车行礼拜见，丞相傲慢地只在车上表示谢意，袁盎生气之余有些担心，于是就到丞相府拜见丞相。丞相过了很长时间才出来见他，说："如果你所说的是公事，请到官署与长史掾吏商议，我会把你的意见转告皇上；如果是私事，我不接受私下的谈话。"袁盎不卑不亢地问道："丞相认为，与陈平、绛侯相比您怎么样？"丞相没料到袁盎问这样的问题，思索了片刻，诚实地回答："我自然比不上他们。"袁盎进一步劝道："好！你自己也承认比不上他们。陈平、绛侯辅佐高祖，平定天下，官至将相，诛杀诸吕，捍卫刘氏天下；而您只是靠脚踏弓弩，才当了小小的一名武士，又提升为小队长，积累功劳做到了郡守，并没有出什么奇计，也没有在攻城夺地野战厮杀中立下战功。就是皇上，贵有九五之尊，每次上朝，郎官呈上奏书，也从来没有不停车听取意见的时候，总是耐心纳谏，择善而从之，这是为了什么呢？皇上是想用这种办法留住人心，留住贤才。因此，皇上每天都能听到自己从前所没有听过的事情，明白以前所不曾明白的道理，从而使圣威日添一日，智慧日增一日。再看看丞相您呢？您现在自己封闭天下人的口，使自己一天比一天愚昧。让圣明的君主来督责愚昧的丞相，您遭受祸患的日子就要来了！"丞相幡然顿悟，心悦诚服地向袁盎拜了两拜，说："我是个粗鄙庸俗的人，愚昧啊！幸蒙将军垂教。"丞相由此感念袁盎耿直无私的劝诫，对袁盎另眼看待，视为上宾。

袁盎与晁错素来有隙。景帝继位后，晁错当上了御史大夫，便派官吏查核袁盎收受吴王贿赂的事，要按罪行的轻重给予惩罚。景帝下诏赦免袁盎为平民。

待吴楚七国反叛的消息传到京城，晁错便想以袁盎曾任吴相，对吴王谋逆知情不报为名杀掉袁盎。晁错对丞史说："袁盎收受吴王贿赂，故意隐瞒实情，替吴王遮掩，常对朝廷说吴王不会反叛。现在反叛已成事实，袁盎必定知道其中的内幕，必须严惩袁盎。"丞史反对地说："现在叛军已向西进发，惩办袁盎也于事无补。再说，凭袁盎的耿直性情也不会是使阴谋耍手段的人！"于是，晁错对惩办袁盎的事有些犹豫不决。有人将这件事告诉了袁盎，袁盎害怕，当夜就去见窦婴，说自己有退敌之策，请窦婴引见皇上。

窦婴禀报了汉景帝，汉景帝召袁盎进宫，听从了杀晁错的建议，并任命袁盎为太常，出使吴国，袁盎到吴国后才知吴王无意收兵。吴王把袁盎扣留军中，想以此胁迫袁盎做将军，袁盎不肯有辱使节，吴王打算杀死袁盎，派都尉带领五百人把袁盎团团围住。就在袁盎生死未卜的紧要关头，一名校卫司马把随身携带的全部财物变卖后，购买了两担味道醇厚的好酒，请围困袁盎的士兵喝酒。当时正值天气寒冷，围困袁盎的士兵们又饿又渴，见到美酒佳肴自然是一番好吃好喝。没多大会儿，围守城西南的士兵便醉倒了，司马见机拉起袁盎，说："您快走吧，吴王明天一早就要杀您！"袁盎疑惑地说："您是干什么的？"司马说："恩公不认识我了？我原是您相府的从史。曾与您的婢女私通，您不但没有责罚我，还把婢女赐予了我。恩公对我的大恩大德，我今生没齿难忘。"袁盎仔细看去，确是他府上以前的从史。袁盎谢绝道："您上有父母，下有妻儿，我可不能因此连累了您。"司马恳切劝道："恩公只管走，家人我已安排妥善，您不必挂念。您走后，我也会逃走的，您放心地快走吧！"于是司马引袁盎走出了包围圈。袁盎急走了七八里路，终于在天亮的时候遇到了梁国骑兵。骑兵奔驰而去，很快便将袁盎出使吴国的真实情况禀报了景帝。

平定七国叛乱之后，袁盎闲居在家，汉景帝经常派人向他询问计谋、策略。

梁王是窦姬最疼爱的小儿子，窦姬原来就多次逼迫景帝把皇位传给梁王。景帝于是就召集了窦婴、袁盎、张羽、傅伯忠、韩颓当、卫绾、郅都、郑当时等大臣商议对策。袁盎对汉景帝说："殷商的传统崇尚质朴，质朴就是效法上天，亲其亲人，所以传位于弟。周朝的制度是父子相承、子孙相传。殷朝的制度是兄弟相传，兄终弟及。我汉朝自建制以来就法周朝，臣以为不能妄改朝制。"景帝和众臣都认为袁盎说得很对，又知袁盎是出了名的冒死直谏的耿直大臣，都举荐由袁盎出面去劝谏太后。

袁盎入宫谒见窦姬，袁盎问窦姬："我朝自建制以来就效法周朝，臣敢问太后为何中途要改效殷朝？"窦姬说："我朝自建立以来就崇尚黄老之学，效法自然，殷朝崇尚质朴，传位于弟，与我朝素来崇尚的黄老之学并不相悖，何来的'改效'之说？"袁盎又问："臣再问太后，兄终弟及，传位于梁王，梁王千秋之后传位于谁呢？"窦姬说："再立皇上的儿子。"袁盎说："梁王的儿子们肯吗？"窦姬听到袁盎据理力争，寸步不让的语气，不由得想起了一桩往事：

汉文帝时，窦姬、慎夫人跟随皇帝游上林苑。时慎夫人正得宠幸，在宫中时常与窦姬同席而坐。这次就座时，郎署长布置座席，袁盎将慎夫人的座席向后拉了一些。慎夫人见状很生气，不肯就座，皇上也发怒地站起了身。袁盎上前劝谏道："臣听说尊贵和卑下有区别，上下才能和睦。如今皇上既然已经确立了皇后，慎夫人不过是个妾，妾和主上怎么能同席而坐呢？如果同席而坐就失去尊卑的分别了。皇上宠爱慎夫

文帝、窦姬、慎夫人同游上林苑

人，就厚厚地赏赐她，皇上认为这样是对慎夫人好，其实这恰恰是在为她埋下祸患。皇上难道忘了'人彘'的事了吗？"皇上听罢这才释然。

袁盎见窦姬默然，继续说道："春秋时期的宋宣公，死后不传位给儿子而传位给弟弟，他的弟弟继位为国君死后，又把君位归还给宋宣公的儿子。但其弟弟的儿子们却纷纷起来争夺君位，认为自己应该接替父亲的大位，于是杀死了宣公的儿子。宋国因此大乱，祸患不断，以至延续了五代。所以《春秋》说'君子尊崇遵循正道，宋国的祸乱是宣公造成的'。不克制小的私欲就会侵害大义，宋宣公就是前车之鉴，以太后的圣明，肯定不愿意让宋国的事情，发生在刘氏子孙身上。"窦姬听了，觉得在理，她再疼爱梁王，再渴望做两朝的太后，她也不愿意看到刘氏子孙互相残杀。从此，窦姬虽说对景帝传位于儿子仍耿耿于怀，但再也没有提传位梁王的事。

梁王听说坏了自己春秋大梦的是袁盎这帮大臣，就对他们恨之入骨，于是就派刺客到京都行刺袁盎等大臣。吴楚叛军攻破后，袁盎因病免官，闲居在家，大侠剧孟专程从洛阳慕名来拜见袁盎。袁盎早就听说过剧孟，剧孟母亲去世的时候，送葬客人的车子有一千多辆，这足见剧孟有过人之处。另外，剧孟在别人遇到危难有求于他的时候，两肋插刀，绝不因有父母、有家室而拒绝别人。袁盎打心眼里喜欢这样的豪爽之士，因此热情地接待了剧孟，并与剧孟建立了很深的交情。刺客来到京城，一打听袁盎其人，众人赞不绝口，又听说袁盎与剧孟交情很厚，剧孟是江湖上出了名的大侠，能与剧孟有交情，可见是个奇人。刺客找到袁盎对他说："我受梁王的雇用前来杀您，但我知道您是一个讲情义的好人，我的刀不杀好人。我虽不杀您，但别人仍会来杀您，请您好自为之。"

但袁盎最终还是没能躲过这一劫，死在了梁王的屠刀之下，成了窦姬干政的牺牲品。

六、扼杀建元革新

二元政治

　　窦姬知道，她的这个孙子与自己儿子在性格上有着天壤之别，儿子做皇帝时，处处依着自己。儿子的去世，使她感到异常的失落和孤独，感到了权力已离她而去。她不甘心，也不放心这个十六岁的毛孩子能掌好大汉朝的舵。她知道，孙儿生性不羁，她恪守着祖宗的规矩，对待孙子就像放风筝的人对待风筝一样，给他空间，让他在空中飞翔、翻滚，但另一端的线，一定要牢牢地抓在自己的手中。

　　孝景帝驾崩，大汉第五代国君汉武帝从此登上了历史舞台，君临天下五十四年，在政治、思想、经济及对外关系等广泛的社会领域，开展了大刀阔斧的不同于前任统治者的改革措施，使汉帝国走向了强盛，成就了中国古代史上最辉煌的"汉武盛世"。

　　经过汉初的休养生息，汉朝已出现了"文景之治"，仓廪丰实，府库丰盈，社会清平，百姓淳厚，西汉的社会从政治到经济都达到了旷古未有的繁荣。《史记·平淮书》曾描绘了汉武帝继位之初的社会现状：汉朝自建立七十多年来，国家没有发生过大的动荡，只要不遇到大的自然灾害，普通的百姓家都可自给自足。官府的粮仓里都堆满了粮食。各级官府都有多余的钱财可供支配。京师银库的银钱已累积到巨万，由于积年不动，串钱的带子都朽掉了，钱散落在地上到处都是，国库里的钱多得难以计数；太仓中的粮食由于储备太多，堆积不下，只好堆积在了库房外面，许多陈粮已腐化变质不可食用；大街小巷，随处都可以见到强壮的马群，乡村中更是马匹遍野。由于公马常常在路上打架，使乘母马去聚会的人往往受排斥不许参加聚会。百姓们生活殷实，遵纪守法，崇尚义行……

但在这繁荣升平的景象背后，却潜藏着严重的社会危机。《汉书·公孙弘传赞》反映了当时这种危机，"汉兴六十余载，海内艾安，府库充实，而四夷未宾，制度多缺"。首先，豪强、官僚势力膨胀，商业资本急剧地向土地转化，土地兼并现象严重。其次，官僚政治与封主贵族政治的矛盾日益突出。汉初的国家制度是郡国并行，汉制爵分二等，大者为王，小者为侯，因而封土亦为二等，大者为王国，小者为侯国。王、侯的封国比起朝廷直辖的郡县要大得多，经历"文景之治"后，藩王们的经济基础强大了，强大的经济基础给了藩王强大的政治势力，致使许多藩王无视朝廷，骄纵不法，尽管经历了削藩、平叛，但到汉武帝时，封主政治依然是中央集权的重大障碍，威胁着中央集权的统治。再次，除了政治、经济上的原因，错综复杂的对外关系直接影响了大汉朝中央集权制的加强。在汉朝周边多种的对外关系上，最棘手的当数与匈奴和越族的关系。公元前209年，匈奴冒顿单于登上了历史舞台，他趁楚汉战争胜负未分之际，南侵北伐，东攻西夺，控制了东起辽东，西达羌、氏之壤，北达贝加尔湖，南抵河套及山西、陕西北部的辽阔地区，拥有了大片的牧场、森林，自身经济迅猛发展，一个强大的匈奴帝国出现在了长城之北，成了大汉朝最强劲的敌人。汉高祖平城败北，严重地挫伤了汉朝君臣的士气，汉廷被迫屈辱和亲，把汉家"公主"嫁与匈奴单于，厚赠奁资，每年都要奉送一定数量的金、絮、缯、酒、食物等，并开放关市，准许汉匈双方进行物资交流。汉朝卑躬屈膝的态度和巨大的经济损失，并未换来汉匈边境的和平安宁，相反，汉朝精美的物品，更加激起了匈奴单于的贪婪欲望。惠帝朝时，匈奴单于根本不把汉朝君臣放在眼里，冒顿单于曾用侮慢的语言致书吕后，对汉朝进行轻慢、戏弄的挑衅；文、景时期，匈奴人更加贪婪无度，经常侵犯汉朝北部的陇西、北地、上郡、云中、代郡、上谷、辽东等郡，掠夺财富，杀戮吏民，暴行残酷，气焰嚣张，而汉朝始终委曲求全，忍气吞声，坚持和亲。到汉武帝时，汉朝的国力之强已非和亲之初可比，雄姿伟岸的汉武帝已经不能容忍这种欲战不能、欲和不亲的现象再继续下去了。

越族人主要分布在东南沿海一带，北起江、浙，南达广东、广西及越南北部，按照所居的地理位置分为南越、闽越、东越。秦末农民大起义时，南越在赵佗的发动下独立，闽越的君长无诸和东越的君长摇，也趁势摆脱了秦朝的统治，并在汉高祖建汉的过程中给予了帮助。汉朝初建，汉高祖考虑到政权还不稳固，就默认了南越国的存在，并加封无诸为闽越国国王。汉惠帝时，又封摇为东海王。这三个封国从种族界限上来说，有别于汉朝其他的同姓封国，它们相对于同姓封国有很大的独立性。身为汉人的南越王赵佗，统治于越族人分布地区，自称南越武帝，公开向汉朝的皇权挑衅。

这些问题，武帝做太子时就有所知。太子的聪慧、机敏，使孝景帝深信太子能成为一代英主，一定能把自己想做而时下又不能做的事情做好，使大汉朝成为富强、独立、昌盛的王朝。为了使太子能够早日撑起大汉朝的天，景帝在对太子的培养上可谓煞费苦心。针对朝廷的现状，景帝已隐隐感到汉朝的国策必须从"无为"向"有为"过渡，才能使汉朝走向强盛。自建汉以来，经过几十年的休养生息，汉朝已走向了正常的运转轨道，而儒家所提倡的德政、礼治、人治等观念，很适宜用来作为新的统治工具，但生性至孝的景帝不敢也不愿意冷落"黄老"之学而违逆母后窦姬。景帝把自己的一切希望全都寄托在了太子身上，为此，景帝不仅让太子提前监国，以积累"实战"经验，还破例为太子选了对儒学研究颇深，且行为端正的卫绾做太子的教师。聪明好学的太子，在学习黄老、儒术和理政的同时，也养成了善于观察、勤于思考的习惯。怎样扼制朝廷潜伏的危机，在"文景之治"的基础上实现大治，做太子时的汉武帝已心存谋略，他常常经过深思熟虑后，向父皇请教有关朝廷命脉的一些问题，景帝总是以惊喜、欣赏的表情，鼓励着太子打开思路，畅所欲言地发表自己的看法。当有一次太子问及景帝为什么朝廷在匈奴和诸侯王的问题上这么迁就时，景帝给太子讲了"卧薪尝胆"的故事。

因此，十六岁的少年天子，登基后就向天下诏告，举贤良方正直言极谏之士。诏告既出，举国的学子为之振奋，他们奔走相告，一时间贤良之士从四面八方涌进了京师。武帝对此感慨万千：大汉朝人才济济，群星灿烂，朕何愁宏图不展？于是亲阅试卷，使严助、公孙弘、董仲舒等人脱颖而出。特别是董仲舒的文章奇论惊人，旷古未有，加之逻辑严谨，语言优美，深得武帝欢心，龙颜大悦之际，当下即传董仲舒进宫面试。武帝针对当时的社会情况，向董仲舒问了三个问题，董仲舒引经据典，从容答对（史称《天人三策》）。

首先，是"道"的问题。如何顺应天道，消除灾异，区分良莠善恶，使百姓和乐，政事宣昭，德润四海，祥瑞普降呢？董仲舒回答："按照《春秋》上所记载的前朝事例，天和人的关系是非常微妙的，他们可以相互感应、相互影响。当国家朝政有失，发生祸乱时，上天就会出现灾害来向人君发出警告，可见上天对人君还是仁爱的。除非是无视上天感应的无道之君，上天才会改变成命，使其丧失邦国。作为人君，须对天道怀有敬畏之心，勤奋勉力，广闻圣听，致力国政，那么就会德政畅通，绩效显著。所谓王道就是能使国家走向大治的途径，它的根本出发点就是一个'正'字，为人君者要正心以正朝廷，正朝廷以正百官，正百官以正万民，正万民以正四方。这样一来，王道才能畅行天下，四海之内，无邪气滋生，阴阳调和，风调雨顺，五谷丰登，万民生息，于是，上天就会降下各种祥瑞。这就是王道的最高境界。现今教化不立，万民不正，是为什么呢？就像水往低处流一样自然，百姓都会去追逐物质利益，如果不用教化去劝阻百姓对利益的追求，那么就会有作奸犯科的事情发生。因此，人君驾临天下，就必须把教化百姓当作首要之务，立太学以教化朝廷官员，设学校以教化百姓，循序渐进地用仁义开导百姓，用礼制来约束百姓。教化推行了，犯罪的百姓就会减少，好的社会风气就会出现。汉得天下以来，时常期望大治，却总是未能如愿，其原因就是没有适时革新。琴瑟的音律如果不和谐了，必要的时候就必须通过改弦更张，音乐才能悦耳动听；治理国家的政令如果不起作用了，就必须进行改革，国家才能得到治理。当更张时而没有更张，即使好的乐师也不能调出悦耳的音乐；当改革时而没有改革，即使贤明的君主也不能实现大治。古人说：'站在河边羡慕别人所得鱼的鲜美，还不如到岸上织网而去捕鱼。'皇上要想实现大治，不如现在就对朝政进行改革，这样天下才有望大治。"

　　武帝听得兴奋异常，接着又提出了第二个问题，即"人世"的有关问题。首先关于"有为"和"无为"，武帝问："尧舜之时，重乎无为，而天下太平；周文王时，勤勉有为，目不暇接，四海升平，同是帝王之道，为何劳逸之差别如此？"董仲舒答："帝王之所以有劳逸之分，是因为所处的时代不同。尧舜的时候，众圣辅德，贤能佐职，教化大行，天下和洽，万民安乐，各得其所，故能垂手无为而天下治。到了殷纣时期，逆天暴物，文王上承殷纣，尊卑错乱，百姓散亡，文王痛心不已而欲安顿百姓，所以废寝忘食，夜以继日。可见'无为'和'有为'都有其存在的特定历史条件。"

其次，关于黄老尚质与儒学尚文。武帝问："俭朴的君王崇尚质朴自然，不用玄黄旗做装饰，而周朝时的君王却都喜欢纹饰，并使歌舞、音乐登上了大雅之堂，难道帝王之道也有旨趣之分吗？"董仲舒答："制度文采和玄黄的装饰，都是用来表明尊卑，区别贵贱，从而倡导德政。孔子曾经说过：'过分奢侈则会太骄矜，而过分俭朴则会太鄙陋。'可见，质与文都要恰如其分。"

再次，关于刑德。武帝问："周朝的成、康年间，不用刑罚，四十余年没有人作奸犯科，以致牢狱如同虚设。而秦朝大兴酷刑，人们因犯罪被处以死刑的很多，但奸邪却屡禁不止。这又是为什么？"董仲舒答道："因成、康之前有武王行大义，有周公制礼乐，所以才出现了成、康之时不用刑罚而囹圄空虚四十余年的局面，这都是周朝重礼乐教化的结果。到了秦朝，情况就截然不同了。秦朝效法申商之法，推崇韩非之说，不行帝王之仁政，以贪婪好战为时尚，不行文德教化于天下，以至于黑白颠倒，善恶不分，百官浮夸而不务实，与君王离心离德，虚伪奸诈，趋利无耻。加之滥用酷刑，赋敛无度，使百姓流离失所，衣食无着，因而群盗并起，这都是秦朝不重德教的结果。"

最后，关于时政。武帝问："朕重视农耕，为倡导天下百姓，亲自耕种于籍田，劝孝崇德，问勤恤孤，务以求贤，夙寤晨兴，殚精竭虑，但所追求的功业和德政始终没有实现。其原因是什么呢？"董仲舒答曰："皇上亲自耕种籍田垂范万民，夙寤晨兴，忧劳万民。此种用心即使古代的贤君尧、舜也不过如此，然而却未能建立功业和实现德政，臣认为原因有三：一是皇上的仁道恩泽没有遍及百姓。二是皇上一心求贤，但国中平时不注意培养士人，常常是朝廷有求贤的诏令，而郡国却无贤明的士人可荐，皇上到哪里寻访贤者呢？这就好像手持一块没有雕琢的玉而要欣赏它的纹饰一样。三是自建汉以来，官吏多出郎中、中郎，这些郎官不是二千石以上官吏的子弟，就是有钱人家的子弟。这种选拔制度下所选的官吏，自然会造成廉耻混乱，贤与不贤混淆。现今皇上若能广览兼听，办太学、择良师，以培养天下贤士。下令列侯、郡守，二千石以上的官员，每年都要向朝廷推荐两名贤才，所荐士人确系贤良之才，就要对所荐官吏有所奖赏，反之就要有所惩罚。这样的话，诸侯、郡守，二千石以上的官员就会竭尽全力遍搜天下贤士，那么天下的贤士就会为皇上所用，皇上则可依据其才能的大小，授予相应的官职，依据其德行的善恶，确定其应有的地位，那么社会廉耻分明，贤与不贤迥异，皇上何愁功业不建，德政不能实现呢？"

在第三轮的策问中，董仲舒把西汉整个更化革新，归结到吏制和教育两个方面，不能说不中时弊，但是，作为急欲革新政体，革除时弊，要在思想、政治、经济各个方面都要实现"中央集权"的少年天子来说，感到兴犹未尽。特别是董仲舒对黄老学和儒学的折中态度，使武帝听出了董仲舒的顾虑，于是，武帝直接提出："究竟遵循哪种治国之道，可实现大治？"董仲舒明白自己闪烁其词的含糊态度，已引起了武帝的不满，慌忙谢罪，对武帝再次提出的问题，不敢推诿。只见董仲舒小心地回答："道分'天道'和'人道'。'天道'有其不可逆转的客观性，是'常道'；'人道'就是为君之道，适时而变，是'非常之道'。尧、舜、禹三王禅让，相互传承遵守一种道，而没有出现弊政。由此观之，上承治世的王朝就遵循上一朝代所行的君道，上承乱世的王朝就要改变上一朝代的君道。汉承秦乱，就应该反其道而行之，用天下统一的方法来治理朝政，这样才可能实现天下大治。臣认为当务之急就是要统一思想。思想的统一是政治统一、国力发展的前提，没有一个统一的思想作引领，那么朝廷的法令、政策、制度，就不可能保持一贯性，朝令夕改的现象就会出现，这么一来，百官没有一个统一的准绳来遵守，百姓就更不知如何遵从了，社会动乱就出现了。《春秋》就是倡导天下一统的书。现今，由于各种学术观点不同，引起了人的思想观点不同，各种主张异彩纷呈，皇上就难以推行统一、集权的治国方针了。鉴于这种情况，臣斗胆恳请皇上，凡不属于《诗》《书》《礼》《乐》《易》《春秋》六艺之属的学说，禁止其传播、发展，使各种异说自生自灭，这样，朝廷的政令、法令才可明确，百官和百姓才能遵守。"

　　然而，老谋深算的窦姬软逼武帝不动声色地将董仲舒任为江都相而赶出了京城。

　　不久，匈奴大单于听说汉有新君继位，就派使臣前来和亲。武帝听说匈奴又来了使者，自尊心深深地被刺痛了，什么和亲，分明是勒索财物。自高祖皇帝平城兵败后，几十年了，大汉只能靠女人来换取暂时的平安。大汉朝难道没有男人吗？大汉朝没有骏马和利剑吗？这种屈辱朕受够了！打！大丈夫宁死沙场也不苟且偷生。

　　第二天早朝上武帝着群臣讨论匈奴之事。武帝说："初我大汉国力匮乏，无奈之下才屈辱和亲，而今我大汉府库充盈，财力富足，肥壮的马匹遍野都是，为什么还要仰视胡人的脸色。况那胡贼出尔反尔，食我大汉粮穿我大汉衣，反而不知感恩戴德，屡犯我边，侵掠百姓，此乃我朝的奇耻大辱。朕决意停止和亲，与匈奴宣战，众爱卿有何看法，俱从实奏来。"于是满朝文武，吵吵嚷嚷，战与不战各执一词。武臣都认为，汉乃泱泱大国，受制于一个蛮夷小国，屈辱至极！

不战就无以雪耻。文臣多数认为："匈奴剽悍不羁，能骑善射，来如风去如烟，惯于流动作战。若战，我军必得长途跋涉，深入茫茫大漠，兵疲马惫，取胜的可能性很小。与其战败失我汉朝威严，还不如不战而和。况且匈奴人向我朝索要的财物，只不过是我大汉朝的九牛一毛，皇上何必因小失大呢？皇上暂时仍应走和亲之道，交战之事来日再作商议。"

争来吵去，仍旧是莫衷一是。武帝对匈奴作战的决心已下，但文臣们所提出的诸如与匈奴骑兵如何交战的问题，大军远距离作战军需的调配问题，等等，这些都需要一个缜密、可行的计划，这些都需要再认真考虑考虑，想到这，武帝宣布暂时退朝，来日再议。

刚退朝，有几个主和的文臣就直奔长乐宫而来。这些个为了追权逐利而善于察言观色的大臣，他们知道，大汉朝实际的当权人是太皇太后，而不是朝堂上那个言语激昂、激情奔放的小皇帝。所以，每天朝中事务，还没等皇帝禀报窦姬，窦姬就已了如指掌了。这些人见到了窦姬，添枝加叶地禀报了事情原委，然后，又是祖制，又是劳民伤财等刺激听觉的话语煽动，气得窦姬立即差人召来了武帝。窦姬余怒未消地问武帝："皇上自认为与你太祖爷爷相比，如何？"武帝道："孙儿哪敢与太祖爷爷相比？"窦姬又问："与你皇祖父和父皇相比呢？"武帝说："奶奶，您今儿这是……"窦姬又厉声问："现今皇上的文臣武将，与当年的陈平、樊哙相比又如何？"汉武帝明白了太皇太后在反对对匈奴宣战。武帝生气地想：朝中就是有这些搅屎棍子，什么事都要禀报太皇太后，朕这个皇帝在他们眼里是什么？武帝强忍着火气，嬉皮笑脸地向窦姬解释："孙儿这才听明白，闹了半天奶奶在生匈奴人的气啊？孙儿还以为您生孙儿的气呢！"窦姬正色道："这是国事、大事！别嘻嘻哈哈的，没个正经样！"武帝说："奶奶，您想啊，这些年用女人去换边境的和平，换来了吗？匈奴人哪年不侵袭掳掠我边民？那匈奴单于为了土地，连自己最心爱的夫人都可以送给东胡王，他为了大汉朝的土地和财物，会去在意一个汉朝公主？奶奶！和亲的路是行不通的，匈奴单于不会满足于每年的那点儿财物，他想要的是整个大汉朝！"武帝说着情绪就变得激动起来。武帝的激昂之情并未打动窦姬，窦姬用强硬的口气，发出了最后通牒："无论皇上怎么说，宣战之议立刻停止，今儿皇上即着人办理和亲事宜。"武帝窝火又无奈。

但图强奋进的少年天子，并没有因一而再、再而三的失利而退却。紧接着，窦婴、田蚡上书推荐儒者赵绾为御史大夫、王臧为郎中令。迎儒学名师鲁申公入京，开设明堂，令列侯各归其封地，将窦氏外戚及宗室子弟中品德恶劣的人开除族籍等，武帝全部准奏。武帝对这些建议的认同态度，表明了武帝改革的决心和方向，使二元政治的矛盾进一步激化，达到了白热化程度。

列侯、贵戚们鱼贯地到长乐宫哭诉，窦姬知道武帝这么做的目的就是要割断列侯、贵戚与自己的联系，把自己孤立在长乐宫，自己疼爱的孙子对自己做出了这么绝情的事情，窦姬伤透了心："彻儿，皇上！你好狠的心！"窦姬是个明白人，她知道这个孙子与自己的儿子在性格上有着天壤之别，儿子做皇上时，处处依着自己。儿子的去世，使她感到异常的失落和孤独，感到了权力已离她而去，她不甘心，也不放心这个十六岁的毛孩子能掌好大汉朝的舵，她知道，孙儿生性不受羁绊，她恪守着祖宗的规矩，对待孙子就像放风筝的人对待风筝一样，给他空间，让他在高空中飞翔、翻滚，但另一端的线，一定要牢牢地握在自己的手中。那样自己随时都可任意收线，限制他飞翔的高度、方向，甚至阻止他的飞翔。令窦姬意外的是，这只飞到了高空的风筝不喜欢有线牵着，想借助风的力量挣脱牵引……该收线了，再不收就收不回来了！

　　窦姬主张无为守旧，武帝主张有为革新，思想的对立和分歧，使这种二元政治的冲突不可避免地发生了，最终以窦姬发动壬寅年政变，杀赵绾、王臧，宣告武帝推行有为新政的失败。

巧逼帝师

　　思来想去窦姬决定让卫绾远离皇上，远离朝廷。窦姬在祖孙俩轻描淡写的谈话间，以加封卫绾五千户回乡养老为名，巧逼武帝罢免卫绾的丞相职务。卫绾的去职，给建元革新蒙上了挥之不去的阴影。

　　建陵侯卫绾，素以耿直谨慎而闻名于朝廷，因首倡尊儒风尚，而触怒窦姬，被罢相归乡。

　　汉文帝时，卫绾凭借高超的车技而做了郎官侍奉文帝。因不断立功逐步升迁为中郎将，待人接物忠厚谨慎。景帝做太子时，宴请皇帝身边的近臣、侍从，独卫绾借口生病不肯参加宴会。景帝觉得奇怪，朝中阿谀奉承、趋炎附势的人多了，卫绾却有些与众不同。景帝不但没有对卫绾的爽约感到不愉快，反而在心里对卫绾的忠厚、淡泊多了几分敬意。

　　文帝临终前嘱咐景帝："卫绾年高望重，是可以倚仗的人，你要好好待他。"汉文帝驾崩后，景帝即位，每每想起父皇的话，景帝都会暗暗地观察卫绾。景帝发现，卫绾始终是尽职尽责的，一天比一天谨慎。观察了一年有余，景帝始终没有发现卫绾有一丁点的疏漏或错误。宫中近侍，很少有人像卫绾这样的，一年多时间，没受到过皇上的任何斥责。

　　一次，景帝驾临上林苑，命卫绾与自己同乘一辆车。后来，景帝问卫绾："你知道你为什么能和朕同车而乘吗？"卫绾诚惶诚恐地回答说："臣无任何才德，蒙先皇垂爱，把臣从一个小小的车士擢升为中郎将；今又蒙皇上厚爱，令臣与皇上同车而乘，臣不知道这是为什么，请皇上告诉臣。"景帝看着卫绾谨慎而认真的样子，又问道："朕做太子时，召请你参加宴饮，你不肯来，是为什么呢？"卫绾回答说："臣该死，那次臣确实生病了。"景帝笑了笑，说："先帝临终的时候，告诉朕中郎将诚实、可靠，可以倚仗。朕看确实是这样。"于是，景帝就赐给了卫绾一把剑，没想到卫绾拒绝接受。卫绾说："臣不能接受皇上的赏赐。"景帝疑惑地问："为什么？"卫绾回答："先皇帝曾经赐给臣六把剑，所以臣不敢再接受陛下的赏赐了。"景帝听后，惊叹道："剑是人们所喜爱的物件。朝中诸臣都喜欢把皇帝赐予的宝剑或送人以炫耀，或用于置房、买地以逐利，难道中郎将还一直保存着这些剑吗？"卫绾回答："这六把剑，臣都小心地珍藏着！把它们作为臣的镇宅之宝。"景帝即派人前去卫绾家，取来了那六把宝剑，六把宝剑个个完好地存放于剑鞘中，不曾使用过。景帝随手抽出了一把宝剑，刀光闪亮，一看便知平日里定是细心擦拭和保养，景帝满意地点着头。

　　卫绾为人厚道，他属下的郎官若是犯了错误，卫绾不但不责怪他们，反而常常代他们受过，即便被人冤枉而受委屈，也不去和人争辩；有了功劳或奖赏，卫绾则会谦让而给予他人。卫绾因此口碑极好，景帝认为他品行正直，有君子之风范，对朝廷又忠诚无二，就任命卫绾做了河间王刘德的太傅。卫绾的品行及崇儒、尊儒的思想，深深地影响了河间王刘德，刘德喜好儒学，热衷于研究儒学。刘德常常派人走访于民间，不惜重金征集古籍善本，并组织人精心缮写，然后把真本留在王府，再把誊写本送给原书的主人。久而久之，刘德修学好古、实事求是的治学名声，不胫而走，于是，向往治学的人，或家有旧本的人，从四面八方涌向了河间王府，将祖辈珍藏的孤本、珍本，献给了刘德，一时间河间王府的藏书，竟与当时朝廷所藏图书的数量相当，且河间王府的藏书多是躲过了秦始皇"焚书坑儒"之劫的先秦旧本，像《周官》《尚书》《礼记》《孟子》《老子》及孔子七十二弟子的言论等。在收集保存大量先秦文化的同时，刘德还重视礼乐等教化方面的建设，为儒学的再度兴起作出了相应的贡献。由于喜好儒学，刘德的衣着服饰及言行举止都悉如儒生，加之刘德素有卓尔不群的大雅之风，所以，山东的众多儒生多愿归附于他。

吴、楚七国叛乱时，景帝任命卫绾做了将军。卫绾率领河间王的军队参与了对七国平叛的战争，因战功卓著，被任命做了中尉。过了几年，卫绾又因战功被加封为建陵侯。

景帝因废黜太子刘荣，而牵涉到了太子的舅父等人，景帝下诏审理查办栗氏族人。景帝认为以卫绾忠厚老实的性格，不是办这件事的合适人选，不忍心看卫绾为难，就赐卫绾回乡休假，把惩办栗氏族人的案子交给了"苍鹰"郅都。等郅都处理完了栗氏的案子，景帝就下诏册立时为胶东王的刘彻做了太子。

在为太子选老师这件事上，景帝确实费了一番思量。几十年来的休养生息，使汉朝积累了大量的物质财富。但景帝明白，这繁华的背后，潜藏着多少危机啊！诸侯王废弛礼仪，威胁着皇权；豪强、商贾对土地的侵占，造成了多少农民失去土地，无家可归；西北边境上，强悍的匈奴人一逼再逼，就连东南方的诸越也成了威胁皇权的定时炸弹，这些都是汉朝亟待解决的问题。这些问题的解决依靠"无为"的国策恐怕是不行了，儒家学说所提倡的尊君主张及有为进取的思想倒是可取的。

一番考虑之后，景帝决定请信奉儒家的卫绾和信奉黄老学的汲黯来分别担任太子的老师。景帝在太子老师的人选上儒家、道家平分秋色，其意有二：一是避免与太后窦姬发生冲突，毕竟窦姬是黄老学说的忠实捍卫者；二是景帝希望聪慧的太子，通过对儒、道学说的学习，能找到两种学说的融会点，吸取其精华，运用于治国之道中，以摆脱眼前潜在的危机，使大汉朝的江山长久永固。

卫绾被景帝召回了朝，景帝看着脸色红润的卫绾，笑道："看来你休假回乡的日子过得还挺悠闲啊！不能再叫你这么悠闲了，该回朝做些事情了！"卫绾望着景帝日益消瘦的脸，施礼回答说："这些日子，臣未能替皇上分忧，臣有罪，请皇上处罚。"景帝说："你呀！还是这么谨慎，什么罪不罪、罚不罚的。朕让你回乡，是不忍心把你这么一个忠厚的人卷进一些是非中来。朕这次让你回朝，是让你担任太子太傅来的！"卫绾听后，立即跪下叩头致谢："谢主隆恩！卫绾何德何能让皇上这么厚爱？臣德薄才疏，臣担心辜负了皇上对臣的厚爱。"景帝诚恳地对卫绾说："卫绾啊，太子太傅之职，非你莫属，把太子交给别人，朕放不下心啊！你是两朝的老臣了，想必你一定也知道我汉朝尽管府库充盈，国力增强，但藩王问题、贫富不均问题、匈奴问题，等等，是我大汉朝的隐患，大汉朝的前途堪忧啊！"卫绾说："皇上不愧为一代英主！臣该如何去做，请皇上明示！"景帝说："汉朝的命脉，把在太子手上，太子强，则大汉才能强啊！你要教会太子做人、用人、治国、平天下！朕把太子交给了你，你可不要让朕失望啊！"景帝动情地说着，卫绾感动得泪水横流，他无法用语言来表达对皇上的感激，他再次把头叩了下去："皇上……"卫绾在对景帝感激涕零的同时，更加尽心尽力地教导太子，他时刻牢记景帝的话，以儒家的观点教导太子做人，教太子学会用人，卫绾教导太子："儒家认为，君王治国重在修身正心，修身以正心，正心乃令行。所以为人君者与人交游必择正人，所谓近朱者赤，近墨者黑。帝舜受许由伯阳的影响，帝禹受皋陶伯益的影响，商汤受仲虺的影响，武王受太公周公的影响，这四个帝王因接受了好的影响，因此成为了古代的贤君。夏桀受于辛、推哆的影响，殷纣受崇侯、恶来的影响，厉王受厉公长父、荣夷公的影响，幽王受傅公夷、蔡公毂的影响，这四个帝王因受到了坏的影响，而造成了国破身亡的恶果。"幼小的太子认真地听着师傅的教诲，然后对卫绾说："师傅是在教导我远小人亲君子，是吗？"卫绾回答："老夫正是此意。春秋时期的齐桓公之所以成就了霸业，正是因为他重用、信任了管仲和鲍叔牙；越王勾践之所以灭了吴王夫差，正是因为他重用、信任了范蠡和文种。所以，儒家认为：'欲治天下者，必先治国；欲治其国者，必先治其家；欲治其家者，必修其身。身修而后家齐，家齐而后国治，国治而后天下平。'《大学》《中庸》这些书都是讲修身之道的，太子要好好读读。"

令卫绾感到欣慰的是，太子对问题的理解和看法，有着与年龄不相称的成熟。一次太子对卫绾说："这些天师傅您教我学了儒家的学说，汲黯师傅又教我学了黄老的学说，我觉得这两种学说不应该互相排斥，它们除了在治国的方法上有不同的看法外，其实在很多地方有相同之处。"卫绾感兴趣地说："噢？那太子说说看。"太子说："儒家强调'民重君轻'，老子也说'圣人恒无心，以百姓之心为心'；儒家提倡修身、齐家、治国、平天下，老子也主张把德贯彻到一身、一家、一乡、一国、全天下，这样政权才会长久永固。我想，治理国家，如果把儒家的治国理论与黄老的治国权术结合起来，何愁天下不平、国家不兴呢？"听罢太子的一番话，卫绾感慨万千："小小的年纪就知道博采众家之长而为己用，汉朝有这样的太子，真是社稷之福哇！"

卫绾是太子儒家思想形成的启蒙人，在卫绾的尽心调教下，没几年工夫，太子已能临朝监国了。后来因御史大夫之位空缺，景帝又升迁卫绾做了御史大夫，卫绾做了五年的御史大夫，时景帝的身体是每况愈下，景帝认为有必要调整一下朝中的人事布局，为下一步太子登基做好准备。卫绾敦厚、耿直，做起事情来尽心尽职，景帝认为可以辅佐少主，于是，就罢免了居相位多年，却碌碌无为、无所事事的桃侯刘舍，任命卫绾做了丞相。

三年之后，景帝病故，武帝即位。几年的朝夕相处，使汉武帝和卫绾结下了深厚的师生情义，已经做了天子的武帝，不仅仍对卫绾非常敬重，而且对卫绾所提建议，言听计从。武帝对一个尊儒的丞相如此信任，这不免引起了窦姬的不满，况且，这些年来在立储这件事情上，窦姬对卫绾一直耿耿于怀。当栗太子被废后，窦姬以其他皇子都还年幼为借口，重提立梁王为储君的事，卫绾是主要的反对人之一，卫绾当时直言不讳地说："我朝建立初始，高祖已定下规制，皇位必须父子相承，现在岂能坏了祖制而使兄弟相传，况且自古英雄出少年，年少不能成为改换祖制的理由，相反，年少的太子正如初升的朝阳，是我大汉的希望！"这些话窦姬至今仍记忆犹新，把这样一个人放在皇上身边，早晚会弄出些事情来。

卫绾本是个谨慎、内敛、为人谦让、与世无争的人，在相位这么多年，又受到几代皇上的宠幸，但从卫绾身上始终看不到一点张扬之气。初登大位的少年天子，英姿勃发，立志图强，武帝振业兴邦的激情深深地感染了卫绾，在他的内心掀起了巨大的冲击波。是啊，皇上贤明有为，国事蒸蒸日上，直言进谏才是为臣之道，于是卫绾再也不碍着太皇太后窦姬而有所隐讳了，他上奏武帝，在全国范围内，不论身份的高低贵贱，广纳贤士，量材而用。他对武帝说："得到骏马的人就能远足千里，得到贤士的君主就能江山稳固。"武帝听从了卫绾的建议，当即诏令丞相、御史、列侯、中二千石、二千石和各诸侯国之相，举贤良方正、直言极谏之士。一时间山野隐士，道、儒、法等诸子百家的学子，都汇集到了京师，翘首等待皇帝的征用。

接着卫绾又在汉朝沉寂了多年的空中，打响了第一个罢黜百家的霹雳，他上奏武帝："所举贤良，或举申、韩、苏、张之言，乱国政，请皆罢奏。"朝堂之上的所有大臣，被卫绾这一霹雳惊得瞠目结舌，真所谓"于无声处震惊雷"，一生谨小慎微的卫绾，怎会有如此出人意料的言辞？只有年轻的少年天子，心领神会地笑称"可"。

"什么？'申、韩、苏、张之言'皆罢？这与罢黄老而尊儒术有什么两样？"窦姬听庄青翟禀报后，气得几将晕眩，反了！反了！好个卫绾，前些日子你撺掇着皇上"招贤"，什么三教九流的都往京城里窜，闹得京城里乱哄哄的，使大汉的威仪尽失，体面尽丧，这些账还没找你算哪，你倒还起劲儿了？庄青翟也是学黄老之学的，他认为卫绾所奏之言，真正的用意是要罢黄老学以尊儒，打击和排斥他们这些崇尚黄老之说的大臣。如果让卫绾目的达成，他们这些人在朝中就权柄尽丧利益尽失了。庄青翟继续对窦姬说："按理说，这治国之要重在用人，皇上招贤也是应该的，但关键是怎么个招法。丞相利用皇上年轻，求功心切的心理，把皇上控制在股掌之中，一会儿招贤，一会儿罢黜诸家，就像当年的晁错，搅得朝廷上下不得安宁。太皇太后如果再坐视不管，由着丞相乱为，臣担心接下来就该独尊儒术了，这样的话，我大汉祖宗定下的'无为而治'的国策不是荒废了吗……""行了！你先退下吧！"窦姬打断了庄青翟的话。庄青翟一时揣摩不透窦姬的心思，未敢多言，只得告退。

在宫中摔打了几十年的窦姬，对于庄青翟这番话的用意心知肚明。她也希望像当年诛晁错一样除去卫绾，但是她不能这么做。当年的晁错之死已使景帝追悔了一生，她不能再在卫绾身上如法炮制，使自己与孙儿的关系陷入僵局。况且，卫绾是三朝老臣，素以忠厚、谨慎著称，在朝中诸臣心中的地位和威望，是当年的晁错远不能比的。

思来想去窦姬决定让卫绾远离皇上，远离朝廷。窦姬在祖孙俩轻描淡写的谈话间，以加封卫绾五千户回乡养老为名，巧逼武帝罢免卫绾的丞相之职。

自己的丞相就这么被奶奶不动声色地给拿掉了？自己就这样像傀儡一样任由奶奶操纵？血气方刚的武帝，感觉自尊心受到了严重的伤害，他气呼呼地来到了母后王太后宫中，礼节已被盛怒的武帝抛在了脑后，没给王太后行礼，就已嚷嚷了起来："这皇上究竟是朕，还是奶奶！凭什么要朕罢了卫师傅的丞相之位？难道说，凡是朕亲近的人都不入奶奶眼吗？那些搬弄是非的家伙，看朕不灭了他的九族！"王太后已明白了武帝为什么生气，她平静地对武帝说："不要违逆奶奶的意思，照着做就是了。"武帝一拧脖子说："朕这回偏不！有能耐把朕这皇帝也废了！"王太后听罢有些生气，但仍语气平和地劝诫武帝："皇儿初登大位，还得倚仗奶奶扶持，把奶奶气急了，废掉你还不是易如反掌？所以，皇儿不能任性，耍小孩子脾气，该忍耐的就要忍耐，来日方长。再说了，卫丞相是个明白人，他既能上奏言废除诸家，就已做好了触怒太皇太后的思想准备了。"

正像王太后所说的，卫绾在上书武帝废除诸家学说的时候，就做了最坏的打算。可几天过去了，他没有得到来自太皇太后那里的一点压力或责备，这使他感到纳闷。正纳闷间，他被王太后召了去。卫绾从太后那儿知道了一切，为了不使武帝为难，卫绾主动向武帝提出了辞呈："臣请皇上下诏免了为臣的丞相之职，不要违逆了太皇太后的懿旨。太皇太后几十年来只信奉黄老之学，对儒学极端敌视，臣知道，前番招贤，董仲舒等儒者居前，臣就已犯下了不可饶恕的罪过，免去臣的丞相之职，臣已经感到是万幸了，皇上不要为了臣与太皇太后闹翻了。皇上正值青春年少，来日方长。眼下只有臣退下，太皇太后才会放心，这样皇上才不至于被太皇太后紧盯着，才会有做事的空间。再者，臣年岁已高，又能侍奉皇上几年呢？还是准臣退隐吧！"

建元元年（前140年），武帝下诏，免除卫绾丞相之职。建元革新的启蒙人和发起人——卫绾，就这样被迫退出了历史舞台。

挟制武帝

赵绾和王臧商量，除了舍弃自己的生命，他们再也没有任何办法替皇上解围了。于是，两位忠臣慷慨而悲壮地携手共赴了黄泉，以自己的生命祭奠建元革新的失败，并以自己的生命向尊贵的太皇太后宣告改革的神圣。赵绾、王臧自杀后，建元革新的支持者窦婴、田蚡也分别被罢去了丞相和太尉之职。初出茅庐即遭重创的武帝，一时间精神萎靡，心灰意冷。

汉武帝时期，随着社会经济的发展，社会矛盾也日益凸显了起来，贵族、豪强、商人"役财骄溢，或至并兼，豪党之徒以武断于乡曲，宗室有土，公卿大夫以下争于奢侈"；下层百姓的生活则是"或耕豪民之田，见税什五，故贫民常衣牛马之衣，而食犬彘之食"。为了杜绝大富而骄，骄则为暴，限制贵族、豪强、商人势力的发展，以维护社会秩序，巩固中央集权的统治，汉武帝任用了大批酷吏，以打击豪强，抑制商贾，惩治贵戚奸吏。

宁成是穰县人，汉景帝时，初为侍卫。他为人争胜好斗、任性使威、狡猾凶残。他上可以欺凌长官，下可以控制下属，即使郅都这样的"苍鹰"，宁成在心里也丝毫不惧怕。郅都做济南太守时，宁成为济南都尉，宁成前任的几位都尉，都惧怕郅都，每次进入太守府的时候，都是小心翼翼地步行而入，并且每次都是让下属先去通报，然后才去觐见郅都。可是宁成来的时候，却视郅都而不见，越过郅都，径直走到了他的上位。郅都一向听说宁成执法不避亲贵，从心里敬重宁成，非但没有责怪宁成的无礼，反而同他成了好朋友。

郅都死后，京城中的皇亲贵族及一些为非作歹之徒，认为再也没有可惧怕的人了，凶暴犯法的事件接连不断，京城治安异常混乱，景帝不得已召来宁成，接替郅都做了中尉。宁成在治理京城治安，整治皇族、豪强不法方面，极力效仿郅都，所以京城一时间有"郅都苍鹰，宁成乳虎"的说法，皇族豪强，由于惧怕宁成，人人自危，谈虎色变，他们对宁成怕得要死，恨得要命，就处处留意宁成，以期抓到宁成的把柄；可偏偏这宁成不知洁身自好，爱贪占别人的财物。于是，皇亲国戚们经常在窦姬面前夸大其词地诽谤宁成。

本来窦姬就反对汉武帝任用酷吏，可这些日子她听到了许多闲言碎语，她告诫武帝："老子言：具有高尚道德的人，不把德表现在形式上，因此才有德；而道德低下的人，却执守着形式上的德，因此不具备真正的德。法令越是严酷，盗贼反而越多。这些话确实可信啊！秦朝的时候严刑峻法，法网稠密，但奸邪伪诈的事情却层出不穷，官吏狼狈为奸，百姓枉法犯科，最终被我汉朝取代。我朝建立之初，就对秦朝的法律作了较大变动，使法律由繁苛而变得宽简，法网稀疏，而官吏的政绩反而淳厚美盛，百姓也忠厚本分，天下平安无事。所以，国家治理得好坏，取决于君王的仁厚，而不是严酷的刑法。"武帝听言便知道又有人在奶奶跟前告"御状"了，他为了大事化小、小事化无，连忙应承道："奶奶教诲得极是，孙儿知道了。"窦姬责怪道："知道了？知道了还由着宁成瞎折腾？今儿查这个皇亲国戚，明儿办那个皇亲国戚，他怎么跟咱刘家人这么过不去呢？皇上怎么不查一查宁成呢？俗话说'己不正，难正人'。难道他宁成清白吗？"听了窦姬的话，武帝心里蒙上了一层阴影。武帝知道宁成爱贪小便宜，其实并没有大问题，只是他得罪了权贵，武帝隐约感到，自己可能又要失去一员大将了。怎么只要是自己重用的人，奶奶就要千方百计地除掉他呢？想到这儿，武帝就觉得这皇帝做得窝囊，可想起了母后对自己的告诫，还得忍着气对窦姬说："孙儿全听奶奶的安排，明儿就叫人查一查宁成到底有没有事。"

当武帝还在想办法怎么在太皇太后那儿把宁成的事搪塞过去的时候，宁成又触了霉头——得罪了长公主刘嫖。

刘嫖气急败坏地来到了长乐宫，见到窦姬就夸张地大喊："母后，女儿犯了法，就要进中尉府了！"窦姬问："犯了什么法？""那宁成在京城内到处设卡，美其名曰是要查违制车辆，实际上还不是要和我们过不去。您老前些日子赏给女儿的车乘，被宁成没收了，赶车的马夫也被关起来了。"窦姬愤然道："又是这个宁成！看来是得教训教训他了。"

没过多久，武帝来给窦姬请安。窦姬问武帝："宁成收受贿赂，贪赃枉法的事，皇上可着人查了？"武帝应酬说："奶奶放心，正查着呢！"窦姬说："那就好。我这儿有一些检举宁成的信，皇上看看可用得着？"武帝大致看了一下，全部是宁成的犯罪证据，如果这些证据确凿，宁成无疑是要九死一生了。武帝就奇怪了，怎么总有眼睛在暗中盯着自己和为自己办事的大臣，吹毛求疵地搜罗所谓的罪证，以此阻挠各项改革的推进？这些皇亲国戚们无非是想扳倒宁成以自保。一丝嘲笑挂在了武帝的嘴角，朕宁可失去宁成，也要严查皇亲国戚。主意既定，武帝顺从地向窦姬保证："材料如果属实，一定严惩宁成！"

于是，宁成成了武帝推行新政的又一个牺牲品。

卫绾被免相之后，汉武帝被迫作出了新的人事安排，任命窦姬之侄窦婴为丞相，王太后之弟田蚡为太尉。武帝之所以做这样的安排，原因有二：一来让窦家的人做丞相，可以在太皇太后那儿得到认可，至于田蚡的太尉，太皇太后即使心里不情愿，碍着王太后的面子，也不会出来反对的，这样兵权就控制在自己的手里了；二来，窦婴、田蚡喜好儒术，这样的安排，实质上是"换汤不换药"，表明从不服输的武帝，以此向太皇太后分庭抗礼。

窦婴是窦姬堂兄的儿子。孝文帝时出任吴国国相。孝景帝时，窦婴任詹事。因立储的事得罪了窦姬，被窦姬除了门籍。吴、楚七国反叛，景帝遍观皇族成员和窦姓诸人，没有一个像窦婴这么贤能有才的人了，即诏拜窦婴为大将军，赏黄金千斤，率军镇守荥阳。窦婴把景帝赏赐的黄金，陈放在走廊穿堂里，任士兵们随意取用，一点儿也没拿回家去。窦婴的豪爽之举，深得军心，士兵们都愿意跟随他，任他调遣，所以，即使齐、赵两国叛军大军压境，窦婴所部犹如铜墙铁壁，使荥阳之地寸土不失。等到顺利平叛七国之后，窦婴因抗敌有功而被封为魏其侯，其位之尊，可与周亚夫相比。武帝起用窦婴正是利用了其与窦姬的微妙关系，虽是窦家的人，但这个窦家的人又不完全听命于窦姬。

田蚡是王太后的同母弟弟，孝景帝晚年时受到宠信，做了太中大夫，武帝登基又封武安侯。田蚡能言善辩，精于世故，学习过《盘孟》等书，王太后认为他很有才干，遇事总是喜欢与田蚡商量。田蚡做梦都想当上丞相，他是一个颇有心计的人，所以，平日里他就注意收买人心、聚拢人气。他对宾客们非常谦卑，推荐闲居在家的名士出来做官，使他们显贵。当卫绾被免相后，田蚡认为机会来了。这时，他的一个门人籍福劝他说："魏其侯很久以来都很显贵，天下有才能的人一向归附于他。而您现在刚刚发迹，其势力还不能和魏其侯相比，就是皇上任命您做丞相，您也一定要让给魏其侯。魏其侯当丞相，您一定会当太尉。太尉与丞相享有同样的尊贵，您还落个让贤的美名。有道是物勿使尽，权勿用尽，藏巧露拙，以退为进，蓄势待发。我希望您能听取我的意见。"田蚡觉得籍福说的在理，就采纳了籍福的建议，并把这个意思告诉了姐姐王太后，于是，王太后婉转地告诉武帝："丞相之职，由窦婴出任，这样既能使太皇太后放下心来，皇上又可利用窦婴在朝中的威望驾驭朝中老臣，皇上若能再任命你舅舅田蚡为太尉，那兵权就掌握在皇上的手中了，有了兵权，一旦有了缓急，皇上不就有了倚仗了吗？"起初，武帝还顾虑，舅舅既没军功，又没资历，任做太尉恐众臣不服，可又想想兵权之重要，除了舅舅，眼下也没特别合适的人选。何况，依舅舅的才智，应该可以胜任太尉之职。于是，新任丞相和太尉就走马上任了。

窦婴和田蚡都喜好儒家学说，就推荐儒者赵绾做了御史大夫，王臧出任郎中令。以窦婴、田蚡、赵绾、王臧等儒者为核心的新的一届内阁形成了。这届班子尽管在政治上尚显幼稚，但他们奋发有为，充满激情。特别是赵绾、王臧受宠若惊之余，决心得滴水以报涌泉。赵绾与王臧商议："当今皇上少年有为，更改旧制已势在必行，你我二人受到皇上的如此宠信，当尽职尽责为皇上分忧才对，不知郎中令意下如何？"赵绾的话，正说到了王臧心里，王臧赞同地说："御史的话正合我意。这些天，我一直在考虑，究竟该做点什么事情来报答皇上对我等的恩情呢？您看，在现行的制度上有所改易如何？"赵绾、王臧把朝廷所有的规制都仔仔细细地审核了一遍，朝廷在许多规矩上与礼不符，外戚、列侯任意长住京师而不回封地，闲来无事，聚在一起朝廷长、朝廷短地议政、干政；还有那些个老臣，倚老卖老，不守礼法，出入宫禁不仅穿着随便，而且旁若无人，犹如赶集逛街市一样逍遥、自在；更有甚者，一些王公贵族，任意置房、买地、霸占民田，生活腐化到连溺器都是金制的、银做的……这些既不合天道，也不合人道，必须要改；必须用礼仪和新的制度加以约束、限制，使朝廷面貌焕然一新。两人越说越投缘，越说越激动，热血澎湃之际，联名上书武帝：设立明堂，命令列侯们回到自己的封地上，废除关禁，按照儒家的礼法来规定吉凶的服饰和制度，以此来彰显大汉朝的太平气象。同时，鼓励人们检举外戚和皇族成员中品行恶劣的人，开除他们的族籍，以振皇威。

武帝正欲改变旧制，以期大展宏图，正巧就有了赵绾、王臧的奏折，武帝大喜，即刻命令赵绾、王臧，详细考察古代建造明堂的规定，负责大汉朝的明堂建设，令太常大夫等负责查考周朝的典章制度，修正原有的典章制度，突显礼仪，明确尊卑，改易服色，制定历法。同时，命令所有列侯立刻离京就国。

诏命刚下，长乐宫已是车水马龙、门庭若市了。许多列侯娶的都是汉家公主，让这些金枝玉叶离开繁华的京城，到僻静的封国，是何等的难事，她们轮番到窦姬这儿哭诉："太皇太后，皇上为什么要做这种寡情薄义的事呢？硬要把我们赶到封国去，以后若想见太皇太后一面只怕也难上加难了。您是我们的主心骨，您可一定要劝劝皇上啊！"这诉苦的皇亲国戚，来了一拨又一拨，送走一群又一群，把窦姬搞得是精疲力竭、疲惫不堪。窦姬心里恨恨地想："折腾吧，小祖宗！哀家倒是要看看，你还能折腾出什么花样来！"

到长乐宫诉苦的不仅只有这些皇亲国戚，还有许昌、庄青翟这些信奉黄老之学的大臣们。由于武帝重用儒者，使他们所拥有的权力和既得利益受到了很大的损失，他们担心长此下去，最终他们将会被赶出朝廷，权和利丧失殆尽。对权力的向往、留恋，以及对利益的追逐，驱使着许昌、庄青翟等人，天天都要向窦姬报告窦婴、田蚡、赵绾、王臧等人在朝堂之上的所作所为。这日，许昌、庄青翟又来向窦姬汇报："皇上在三公人选上，清一色地任用了儒家学者。今早，赵绾、王臧还上书皇上设明堂、改服饰、改历法，窦婴、田蚡则在旁边叫好捧场，一唱一和，极尽狂妄之态，把祖宗的规矩全给弄得面目全非了，臣担心再这样闹下去，我汉朝几十年所遵循的黄老治国之策，将被抛弃得杳无踪影。就算皇上年幼，他们不把皇上放在眼里，可还有太皇太后您呢！难道他们也不把您放在眼里吗？"窦姬本来这些天就在生气，听了许昌、庄青翟的话就更加生气了："建明堂？改服饰？这得花多少钱啊？折腾吧，折腾吧！早晚把祖宗的这点儿家业折腾尽，皇上就安分了。"见窦姬生气了，庄青翟进而说道："建明堂、改服饰、改历法这都是次要的，最主要的是这些主意都不是皇上想出来的，而是赵绾、王臧等儒生，倚仗着皇上对他们的信任，竟胆大妄为地牵着皇上走。臣担心，长期下去国政将乱，大汉的基业不保啊！"窦姬本来还想忍一忍，暂且不理会这些事情，可越听越觉得生气，当下即传来了窦婴。

窦婴听到窦姬的传唤，心里已明白了八九分。他小心翼翼地来到了窦姬的宫中。窦姬说："丞相最近忙得连影都见不着了。"窦婴说："没来给姑姑请安，侄儿该死。"窦姬说："这么说丞相还知道自己是窦家人？让你做丞相是为了什么？是让你领着皇上改这、改那吗？把祖宗的规制改得乱七八糟的，就叫新政？你是窦家人！皇上还小，你做丞相，原本应该给皇上出些好主意，尽心尽力地辅佐他。可你看看，你到底干了什么有利社稷、对得起窦家人的事？把所有的窦氏宗亲都赶出京城就有你好了？整天地跟着赵绾、王臧这帮儒生瞎起哄。"窦婴大气不敢出地听着窦姬训斥，他不想和窦姬闹僵，他不怕失去官位，他只怕失去官位后，就再不能为皇上分忧，为皇上挡风遮雨了。尽管他当初极力反对更易太子，但他不得不承认，当今的圣上才德盖世，是不可多见的盛世之主。他为能辅佐这样的皇上而感到三生有幸，他心甘情愿地为皇上鞍前马后地奔波。他诚意地向窦姬认错：

"姑姑教导得极是，侄儿知错了。"窦姬仍虎着脸说："你一向是嘴巴甜，这回你要办件实事，你去告诉赵绾、王臧，让他们别变着法儿地撺掇皇上乱祖宗的规制。建什么明堂！大汉朝几代皇帝都不曾使用明堂，国运照样兴隆！"

再说这赵绾、王臧自接到圣旨之后，就在为建明堂的事翻查典制，查来查去，好多天过去了，仍没有找到任何关于古代明堂的记载，这可急坏了赵绾、王臧，怎么办呢？俩人想到了他们的老师申公。申公是鲁国人。当年高祖经过鲁国时，申公曾跟着老师拜见过高祖。吕太后时，申公到长安交游求学，和汉高祖的侄子刘郢同在浮丘伯门下学《诗》。刘郢封为楚王后，便让申公当了太子刘戊的老师。刘戊生性顽劣，不喜读书，对于不苟言笑、严谨治学的申公非常憎恨，等到楚元王刘郢去世，刘戊以太子的身份被立为楚王，他就把申公软禁了起来。申公对此感到耻辱，就回到了鲁国，隐退在家教书，终日足不出户，对外谢绝一切宾客，唯独喜欢治《诗》的鲁恭王刘余是个例外，申公与刘余探讨学术，研习经义，交情颇厚，凡是刘余的召请，申公必欣然前往。由于申公精通《诗经》，从远方慕名而来向他求学的弟子有很多。在申公的弟子中，拜为博士的有十几人，官至大夫、郎中和掌故的人也有百余人。赵绾、王臧都向申公学习过《诗》。

赵绾、王臧向武帝奏请，希望能把他们的老师请来，以商议造明堂之事。武帝听说申公已是八十多岁的高龄了，当即就派了使臣携带贵重的礼物束帛和玉璧，驾着驷马车去迎请申公。申公听完了赵绾、王臧的来意，坚持不去。申公虽然足不出户，但对天下之事却明了于心，他不相信在思想领域被尊奉、统治了几十年的黄老之学，因少年皇帝的一声令下就能退位，他更不会相信，热衷权力几十年的太皇太后，会拱手、放心地把权力移交给这个少年皇帝，他说什么也不会拿这把老骨头去蹚这种浑水的。

申公不愿应召，这可急坏了赵绾、王臧。王臧急切地劝说："老师，当今皇上那是旷古未见的圣君，老师曾经教导学生要'修身、齐家、治国、平天下'，皇上一心向儒，老师又是懂得审时度势的人，弘扬儒家之精神不在此时还待何时呢？"赵绾也劝道："老师，皇上虽然年轻，但确实少年有为，务实治国。皇上用这么高的礼遇来请老师进宫，想必老师已看到了皇上向儒、尊儒的心意了。学生认为老师应先随学生们进宫拜见皇上，然后再决定去留，这样也不枉费了皇上的一番美意。"赵绾的话，申公觉得在理，再者，申公也的确对年少的皇上充满了好奇，于是，就答应了赵绾、王臧先进宫去看看。赵绾、王臧欢天喜地地陪着申公回到了京城。

武帝听说申公已到京城，便急不可耐地召见了申公。武帝早已闻听申公大名，今日一见果然气度不凡，尊敬之意由衷而生。赐座之后，性急的武帝便直奔主题："赵绾、王臧建议朕以礼治国、建明堂、改服饰、明尊卑、行王道，先生以为治国安邦的重中之重是什么？朕当洗耳恭听。"申公面无表情，不慌不忙，平静地回答说："当政的人不必多说话，只看做事的结果如何就行了。"武帝认真地倾听着，没想到申公就说了仅此一句，再没了下文，这让武帝感到非常失望。兴师动众地迎申公入宫，原以为他会像董仲舒那样，洋洋洒洒数千言，热衷于改革图强的汉武帝，顿感有些失落，唉！申公太老了！但是，既然已经把申公召到了朝中，也不能随随便便地让他回去，于是，武帝就任命申公为太中大夫，住在鲁邸，协助赵绾、王臧商议修建明堂的事。

就在赵绾、王臧热情似火地与申公商议建明堂的有关事情时，丞相窦婴向赵绾、王臧发出了警令："两位大人！为了建明堂、改服饰、改历法这些改制的事，今儿太皇太后把我召去好一顿训斥。太皇太后信奉治国如烹小鲜的老子之言，现在看来也不无道理，有些事情还真是要慢慢来。为了稳妥，我看咱还是想办法劝说皇上，改制之事暂缓吧！千万别再给皇上添乱了。"窦婴的话像凉水一样劈头盖脸地泼在了赵绾、王臧身上，他们从头到脚顿感冰冷透骨，好长时间才回过神儿来。他们盼了多少年啊，好不容易才遇上了这么一个敢于图强改革的皇上，给了他们一个施展才华的空间，难道就为了一个瞎眼的太皇太后不高兴，说放弃就放弃吗？凭什么？这龙椅上坐的是皇上还是太皇太后？年逾古稀的一个妇人，干吗热衷于朝政，难道要重蹈吕后擅权之覆辙不成？

赵绾、王臧气愤、担心之余，决定上书武帝，建议武帝：自己主理朝政，绕开太皇太后，不必事事禀奏太皇太后。武帝看完了赵绾、王臧的奏牍，怔了一下，沉默了许久，轻轻地叹了口气，把奏牍放在了一边，未置可否。然而，武帝那声不易察觉的叹气声，被时刻留意朝中动向的许昌、庄青翟看在了眼里，他们猜想赵绾、王臧的这道奏牍一定不寻常。于是，用尽手段、千方百计地打探消息，当得知赵绾、王臧奏折的内容时，庄青翟显得有些不相信自己的耳朵，再次确定后，他傻愣愣地说："真的？赵绾、王臧有这么大的胆？"震惊之余，庄青翟一刻也不敢耽误，立刻飞奔着去见窦姬，没容侍者通报，直接闯进了宫中。"出事了！出事了！太皇太后！"庄青翟见到窦姬就叫。窦姬知道一定是出大事了，但她仍镇静地问："什么事啊，庄大人如此慌张？"庄青翟喘息着，把奏折的事详详细细地告诉了窦姬，窦姬气得差点背过气去，大怒道："这不是又一个新垣平吗？"

新垣平，汉文帝时人，善于观望天象。此人生性奸巧诡诈，他见文帝重视祭祀，便想趁机求得富贵，他对文帝说："长安城的东北方有神气，颜色呈五彩，形状与人的冠冕相同。人都说东北方是神明居住的地方，西方则是神明的坟墓。今东北方出现神气，是天降的祥瑞，应该立祠庙祭祀上帝，以与这天降的祥瑞相应和。"文帝对新垣平的话深信不疑，于是，在渭阳建五帝庙，五个帝王同庙而居，每帝居一殿，庙的每一面有五个门，颜色各与殿内所祭帝的五方色相同。文帝曾亲自在灞水、渭水的汇合处拜祭神灵，以郊祀渭阳五帝。

一次，文帝出游到长门，仿佛看到有五人立在道路的北面，分别穿着不同颜色的衣服。等车子走近，再看时，那五个人全都不见了，文帝认为那是五帝显灵。于是在道路的北面，五人所立的地方，建了五帝坛。新垣平见文帝如此敬奉神灵，便利用文帝对祭祀的虔诚，公然在文帝面前行起骗来。他使人带着玉杯，到天子阙下上书进献。而新垣平则预先告诉文帝说："有宝玉气将降至天子阙下。"话毕，就有近侍手捧玉杯进上，文帝认为神，仔细端详玉杯，看到玉杯上刻着"人主延寿"四个字。新垣平又趁机说："皇上的虔诚感动了上苍，上苍都在福佑着皇上呢！"文帝心中大喜，又觉得新垣平望气如此灵验，大赏了新垣平。

过了些时候，新垣平对文帝说："周鼎失落在泗水之中，如今河水泛滥通于泗水，臣望见东北方汾阴地区有金宝气，推测可能是失落的周鼎要出现了。征兆已现，但如果不采取办法迎接它，它是不会主动来到世间的。"文帝很想得到传说中的周鼎，就命人在汾阴的南面修了一座庙，临河而立，希望通过祭祀祈求周鼎的出现。后来，有人发现新垣平所说的种种望气的事都是骗局，文帝即命人一一核实，最后证据确凿，文帝大怒，杀了新垣平及其族人。从此，文帝对更改历法、服色、祭祀神明等事再也没有兴趣了。

庄青翟听窦姬提起新垣平，知道赵绾、王臧的末日来到了。庄青翟此时未敢再多插一言，他怕打乱了窦姬的思路，而使窦姬又改变了主意。此时的窦姬已控制了自己的情绪，用尽量平和的语气说："真是养虎为患啊！哀家对他们一忍再忍，一让再让，他们竟处处算计哀家，不容哀家容身啊！"庄青翟点头说："是啊，太皇太后，他们不但以怨报德，可怕的是，他们欺蒙皇上，离间亲情，比起新垣平是有过之而无不及啊！"窦姬心中渐趋熄灭的火再度复燃，她立刻下令给庄青翟："赵绾、王臧犯有奸利之事，哀家念其为皇上宠臣，一直压着未作处置。今着你和柏至侯速查此事，并据实奏来。"

这天，武帝用过早膳刚要上朝，就被窦姬堵在了寝宫。武帝见窦姬坐在那儿，紧绷着脸，一言不发，知道窦姬的气是冲自己来的，可自己哪里又做错了呢？他闪电似的在脑海里把这些天的事情想了一遍，还是不知道为什么。再看窦姬仍旧是那副表情，仍旧是一言不发，武帝试探着说："奶奶，出什么事了？有事您传唤一声，孙儿过去就是了，这么大早就让您受劳顿，累坏了身体怎么办？"窦姬反讥道："那不正是皇上日思夜想的吗？皇上只怕天天都在盼着哀家闭眼吧？"武帝听后，感到事态远比自己想的严重，他跪下来对窦姬说："孙儿究竟哪里做错了，惹得奶奶如此生气，请奶奶明示。孙儿求奶奶再别说这样的气话，孙儿担待不起！"窦姬说："算计奶奶的事，皇上都学会了，长进不少啊！看来这些儒生确实有能耐。"武帝更加不解道："奶奶！这话从何说起？"窦姬道："赵绾、王臧两个不知忠义孝悌的狂儒，无功受禄，不思报效朝廷，反而恩将仇报，专事离间骨肉、亲情之勾当。奶奶问你，近日赵绾、王臧可有奏牍呈上？"武帝的脑袋"轰"的一下炸开了，奏牍的事，奶奶怎么会知道呢？坏了！坏了！窦姬见武帝语塞，动情地说："彻儿啊，你太让奶奶伤心了，奶奶扶你做了皇上，你却处处看奶奶不顺眼，由着这些狂儒算计奶奶。"武帝慌忙说："不是的奶奶，孙儿哪敢……"窦姬擦了擦眼泪，打断了武帝的话："奶奶这儿，也有一道弹劾赵绾、王臧的奏牍，皇上看看吧，依汉律该怎么处置，请皇上告诉奶奶一声。"待送走窦姬，武帝抓起奏牍迅速看来，奏牍所陈之罪，条条都是死罪，甚至称赵绾、王臧欺蒙皇上，是新垣平第二！这不等于在暗示：赵绾、王臧该灭族吗？令武帝吃惊的是：多年前的陈谷子烂芝麻的事都被翻腾了出来，暗中有多少人在盯着自己和为自己卖力办事的人，盯了多久了？材料搞得这么详细，证据找得这么充足，花费了多少工夫？这些人用心之深，手段之毒，真让武帝叹服！

武帝为太子时，王臧任太子少傅，说起来也是武帝的老师，与武帝感情一直不错，前番卫师傅被逼免职，武帝已痛心不已，难道这次还要再把另一个师傅的首级取下来不成吗？少年义气的武帝，决心拼其全力也要保护赵绾、王臧。

王太后知道后，急切地召来了武帝，责怪道："娘早就对皇上说，凡事要小心，要处处哄奶奶高兴，皇上倒好，把事情办成这样，现在别说赵绾、王臧你保不了，就连你舅舅的太尉，魏其侯的丞相也要丢了。"武帝疑惑道："母后这话怎么讲？丞相和太尉有什么错？"王太后道："你皇长姑说了，奶奶说丞相和太尉辅佐皇上不力，不仅由着皇上折腾，还在旁为皇上呐喊助威，不配做丞相和太尉。"武帝火冒三丈道："奶奶就是对朕横挑鼻子竖挑眼，她这样不就是想把朕周围的忠臣赶尽杀绝，好让朕做傀儡皇帝吗？大不了朕这皇帝不做了！"王太后生气地说："皇上这是说的什么胡话？你以为做皇上是闹着玩的吗？到了这份儿上，皇上你做也得做，不做也得做。丢了皇位，就等于丢了性命，别人能放心你吗？彻儿，娘求你了，别再孩子气了，赶快去给奶奶道个歉，立即把赵绾、王臧下狱，否则奶奶随便找个王爷就能换下你来，彻儿！"看着已是泪流满面的母后，武帝意识到了事态的严重，凝神看着母后，庄重地点了点头。

赵绾、王臧没过几个时辰，也得知了自己被弹劾的消息，他们为自己的疏忽，给皇上造成的被动局面感到内疚。俩人商量着，无论如何也不能为了自己，使皇上和太皇太后翻脸而丢掉皇位，他们已从这位少年武帝的身上看到了大汉朝辉煌的未来，就是舍了身家性命也要使皇上保住皇位。赵绾和王臧商量除了舍弃自己的生命，他们再也没有任何办法替皇上解围了。于是，两位忠臣慷慨而悲壮地携手共赴了黄泉，以自己的生命祭奠建元革新的失败，并以自己的生命向尊贵的太皇太后宣告改革的神圣。

　　赵绾、王臧自杀后，建元革新的支持者窦婴、田蚡也分别被罢去了丞相和太尉之职。初出茅庐即遭重创的武帝，一时间精神萎靡，心灰意冷。武帝变得沉默寡言了，特别是在窦姬面前就更加沉默了。坐在窦姬的面前，武帝静静地审视着：这是自己的奶奶吗？那个慈祥地抱自己于膝上的奶奶吗？自登基以来，武帝常为与奶奶政见不一致而感到苦恼，也为奶奶插手朝政而感到气愤，但不管怎样，武帝总认为自己的亲奶奶，做什么都是出于对自己的爱，最多是觉得自己年少不放心，所以，武帝会因生奶奶的气，在背地里发牢骚、发脾气，总归是血浓于水，见了奶奶仍觉亲切。这回不一样了，赵绾、王臧的死，使武帝明白了，奶奶爱权力胜过爱他这个孙子，为了权力她可以随便处置他这个孙子。

　　武帝与窦姬之间已经形成了一条不可逾越的鸿沟，武帝见了窦姬再也无法亲近了，亲情似乎已离他而去，在窦姬面前，武帝只剩下了冷漠和戒备，无论窦姬和他说什么，他都只是敷衍道"奶奶说的是"或"孙儿听奶奶的"。就连新内阁的人选，他也懒得在意了，总之，一切任由窦姬安排。

　　于是，窦姬任许昌为丞相，庄青翟为御史大夫，任万石君石奋的儿子石建为郎中令，石庆为内史。至此，武帝建元元年推行的新政皆废。

韬光养晦

生性好强的武帝是不会轻言失败的，他想起了汲黯师傅当时劝他认真研习黄老之学的一句话来："黄老学说高深莫测。奇兵异谋多藏于此。"于是，武帝认认真真地又一次读了《老子》。这一次，他终于从这市书里悟出了一个道理：隐显方能及远，匿锋所以至大。韬光养晦，伺机而发，方可无往而不胜。

建元革新的夭折，使汉武帝消沉了许多时日。但生性好强的汉武帝是不会轻言失败的，他想起了汲黯师傅当时劝他认真研习黄老之学的一句话来："黄老之学，高深莫测。奇兵异谋多藏于此。"于是，汉武帝认认真真地又一次读了《老子》。这一次，他终于从这本书里悟出了一个道理：隐显方能及远，匿锋所以至大。韬光养晦，伺机而发，方可无往而不胜。汉武帝陡然信心倍增，眼下与奶奶的力量相比，自己的力量处于弱势，既是弱势，那就该顺势显弱给奶奶看，可怎么个显法呢？

这时韩嫣求见武帝。韩嫣是弓高侯韩颓当的庶孙。武帝做胶东王时，景帝见韩嫣机灵异常，又与武帝同庚，就让韩嫣做了武帝的伴读。韩嫣有幸与武帝一起学习，一起玩耍，甚至与武帝同睡同起，友情非常深。武帝见到韩嫣就说："朕来考你个问题，你说，怎样才能使别人相信你整天无所事事，从此不再注意你，对你放松警惕呢？"韩嫣是何等机灵的人，一听便知道了武帝的心思。他说："这不现成的办法吗？皇上把微服出猎，在官里公开不就行了吗？一来可以让东官以为皇上已心如止水，已远离朝政；二来皇上也可借着出行结交士人，笼络人才，以求日后再起。"武帝听罢，朝着韩嫣的头上拍了一掌："嘿，小子！有你的！"从此，武帝便公开以"平阳侯"的身份外出狩猎，足涉北到池阳，西至黄山，南至长杨，东到宜春的广阔地域，逐鹿捉兔射野猪。跑累时，随地而坐，与随行的郎官、文士们侃天侃地，喝酒吟诗，好不快乐。

一次，武帝一行人，弯弓射箭，追逐猎物，在马背上奔波了两个多时辰，直累得人人汗流浃背，筋疲力尽，武帝勒住马缰，停下了脚步。随从的人员，见皇上止住了马缰，一个个都像中了箭似的，从马背上滚了下来，在地上东倒西歪大口大口喘着气。特别是韩嫣，一摊泥样儿地堆在了地上，武帝见状，笑骂："瞧你那熊样，就这么点能耐？"众人听武帝这么说，都紧张地坐直了腰，武帝和蔼地对众人说："你们不必拘礼，宽衣凉快凉快吧！"众人齐声谢皇恩。韩嫣说："微臣叩谢皇上体恤之情，恕臣不能遵命，臣要向'万石君'学习，居家也不着便衣。"武帝噗地一声笑了："你小子，又有气力贫嘴了？"武帝由万石君，想到了石建、石庆兄弟。一天早上，武帝刚用完膳，石建就来求见，

自进宫门就跪伏着前行，直到武帝跟前。武帝莫名其妙地问其原因，石建毕恭毕敬地颤声回奏说："微臣请皇上治罪，微臣在皇上发还的奏牍之上，发现有一'馬'字，因微臣疏忽少写了一点。微臣犯有不敬之罪，请皇上处罚。"武帝感慨于石建为公文之心如此谨慎，大加褒奖了一番。无独有偶，他的弟弟石庆曾随武帝驾车外出，武帝问驾车的马有几匹，这本是随口就能回答的事情，可石庆偏用马鞭一一点数马匹后，才回答说："六匹。"石庆已经如此小心谨慎了，人们还说，石庆是万石君几个儿子中最简略粗疏的一个。可见万石君的家风是多么的严谨。想到这儿，武帝自嘲地自语道："奶奶的新内阁，

全由这些开创不足、谨慎有余的人组成，奶奶这回总算放心如愿了。"

窦姬听说最近武帝热衷于狩猎，心想，要是果真收了心性，倒是件好事。她嘱托许昌、庄青翟密切留意武帝的行踪，打探都有哪些人与武帝来往交游。这日，许昌、庄青翟一大早便来到了长乐宫，表功似的，把所知道的细枝末节，一字不漏地全禀报给了太后。"皇上带着一帮郎官和一些文人学士，以'平阳侯'的身份外出狩猎，马蹄所到之处狼烟滚滚，庄稼被毁，老百姓怨声载道，齐骂平阳侯。县令听说后，急令官役前往捕获平阳侯。官役刚出城没一会儿，就远远地看到有一群马在啃食庄稼，官役大怒，非要带着皇上一拨人去县衙受审定罪不可，亏得韩嫣巧舌如簧，周旋了许久，那官役方才罚了银两作罢。"窦姬听罢，平静地说："这些个事，都不是最重要的，哀家最担心的不是这个。"

武帝初幸卫子夫

平阳公主指了指院子里皇帝的更衣车，对子夫说："别羞答答了，贵贱就在今天了。"平阳公主对卫子夫耳语了一番，卫子夫羞涩地点着头，然后走进了更衣车。

建元二年（前139年）的上巳节，武帝亲临灞上，设坛祭祀，虔诚地祈求上天保佑，普降祥瑞，保佑社稷；祈求列祖列宗福佑自己振兴汉室。祭祀完毕，武帝来到了渭河边，传说用这一天的河水洗脸、沐浴可以祈福、去灾，武帝依习俗，由随行的人侍候着用河水揩了脸、脖等，然后，摆驾回宫。走到平阳侯府门前，武帝想到多日没见到姐姐平阳公主了，就带了韩嫣等人一起来到了平阳府邸。武帝怎么也没想到，这一次访亲，竟为他日后的事业奠定了坚实的基础。

　　武帝不期而至，可是慌坏了平阳府里上上下下的人，多亏了出身金枝玉叶的平阳公主，大场面自小见得多了，又加上姐弟情感甚密，公主对武帝多有邀请，平日里时刻准备着恭迎圣驾，平阳公主并没有因皇上的突然驾临而乱了阵脚。只见她有条不紊地吩咐着下人，转瞬间，红毯铺就，乐队就位，庭院利落，茶果备就。平阳公主稍事打扮，携了病歪歪的夫婿曹寿在府门恭迎圣驾。武帝见到姐姐，高兴得纵身跳下舆辇，用手扶起曹寿："近来身体可好？"那曹寿自听到皇上驾临直到现在一直处于紧张的状态之中，又听到皇上关切的问询，除了连说三个"好"字外，竟忘了谢恩回礼。武帝回眼看到平阳公主还在那儿跪着，语气亲切地抱怨："姐姐干吗？这是你家，又不是在宫里，姐姐要是这么拘礼，朕反倒觉得没意思了。"说完，扶起平阳公主，孩子似的，拽着平阳公主的胳膊，大步向府院走去，平阳公主疼爱地责怪道："弟弟现在可是皇上，皇上就该有些皇上的威严来，哪能随随便便的？"武帝好像没有听到平阳公主的话，他欣赏着平阳侯府典雅、肃静的院落，对平阳公主说："真是个幽雅的府邸，难怪姐姐性情那么好！朕好羡慕！朕要是能在这样的府邸住上一天，朕也就知足了。"平阳公主知道武帝最近心情不好，打趣道："瞧，皇上说的，这平阳府邸哪能与皇宫相比？不过，皇上要是喜欢，就在此多逗留些时日，这是我平阳府邸百年不遇的幸事啊！"武帝黯然道："朕倒是想这样，可是行吗？多少眼睛在暗中盯着朕呢！"

　　平阳公主见这番话已引起了武帝的满腹心事，就赶快岔开了话题："时已过午，宴席已备就，皇上请先用膳吧！"宾主依礼就座，武帝顿时觉得饥肠辘辘，食欲大增，刚才瞬间袭上心头的不快，一扫而光。这桌酒席，平阳公主也颇费心机，皇上用膳，山珍海味是少不了的，但皇上在宫里什么世间美味没尝过？既然是出了宫，自然要为皇上换换口味。所以，平阳公主特地嘱咐厨师，要给皇上做几道平常人家常吃的家常菜，让皇上尝尝。果然，知弟莫如姐，武帝对"家常豆腐""咸菜炒粉皮""肉烧面筋""炸茄丝"等家常菜赞不绝口，他问平阳公主："姐姐厨师手艺之好，胜过了朕的御厨。"平阳公主开心地笑道："不是皇上的御厨手艺不好，是皇上在宫中不经常吃这些粗茶淡饭的缘故。"

平阳公主与武帝姐弟情深，她看到武帝成婚许久以来，也没生得一男半女，心里暗暗为武帝着急。于是，平日里平阳公主就十分留意在民间寻访伶俐、俊俏的年轻姑娘，养于府中，请乐师教她们歌舞，一来有朝一日供武帝挑选，若能受宠生子，汉家也就后继有人了；二来也可使平阳侯府遇事有乐子可寻。

看到武帝兴致盎然，情绪极好，平阳公主便吩咐下去。她对武帝说："姐姐还特意为陛下准备了一道佳肴，不知皇上可有兴趣？"武帝说："既然是姐姐特地为朕准备的，这份心意朕可不能不收，呈上来吧！"平阳公主含笑向帷帐处挥了挥手。顷刻间，乐鼓齐鸣，一个个妙龄女郎挥袖起舞，飘然而至，众舞女个个如仙女般亮丽、飘逸，与宫中美女相比毫不逊色。武帝正在感叹间，一道更为亮丽的景致，吸引了武帝的眼球：只见最后出场的那位女子，柳眉上挑，凤眼顾盼，身着红衣，柳腰玉肌。长袖舒展间优雅起舞，轻飘飘，慢悠悠，似出水芙蓉，又似嫦娥奔月。武帝如痴如醉地欣赏着，赞叹着仿佛进入了梦幻境地。平阳公主看在眼里，喜在心头，庆幸自己的心思总算没有白费。

一曲舞终，众舞女已谢幕下场，武帝仍痴痴地没有回过神来。有心计的平阳公主使人唤来了最后出场的那位女子——卫子夫。卫子夫来到武帝跟前施礼道："小女卫子夫，叩见皇上！"这时，武帝方如梦初醒，定睛一看，美人已至眼前，他感慨造物主的神奇，竟能造化出如此完美无可挑剔的美人来，就连声音也那么柔美动听。他看了一眼正在发笑的平阳公主，他为自己的失态感到尴尬，慌忙掩饰说："姑娘真是舞艺超群，冠盖群芳。"卫子夫本来已被武帝盯得不知所措，又听到武帝的夸奖，更是眉眼低垂，双颊布满桃色。武帝越看越爱怜，春心荡漾的武帝，感到自己体内有股力量在冲荡，热辣辣的双眼从未游移过子夫那张娇美、精致的脸儿。

平阳公主见火候已到，就吩咐卫子夫先行退下。武帝不舍地望着子夫的背影，问平阳公主："姐姐自哪里寻来的仙女？"平阳公主笑答："卫子夫是平阳人，她的母亲及两个姐姐、一个弟弟都在府上为奴。子夫生性颖慧、温柔，算得上一个可人儿。皇上要是喜欢，就领了去！"武帝笑而未语，起身去换衣服。平阳公主可不是没眼窍儿的主，赶忙唤来了卫子夫："子夫大喜了！你可愿侍奉皇上？"刚才，卫子夫与武帝四目相对之时，已被电流击中，她面红耳赤、手脚冰凉，心一个劲儿地"嗵嗵"直跳，要不是平阳公主解围，令她先退下，她真担心自己的心脏会不会跳出胸腔来。正值豆蔻年华的子夫，早被英俊多情的少年武帝勾走了魂魄，扰乱了心性，听平阳公主这么一问更是羞得抬不起头来。平阳公主指了指院子里皇帝的换衣车，对子夫说："别羞答答了，贵贱就在今天了。"平阳公主对卫子夫耳语了一番，卫子夫羞涩地点着头，然后走向了换衣车。多情男女美事成。

大约半个时辰，武帝走出了换衣车，回到了席间，眉宇间充满得意、高兴的神情，使他那本来英俊的脸更加出彩。平阳公主问："皇上还满意吧？"武帝含糊道："姐姐的侯府还藏有什么宝贝？"平阳公主会意道："只要是姐姐府上的，皇上看上什么就带回宫什么。要是子夫能怀上龙胎，也算了了姐姐一桩心事。"听了平阳公主的话，武帝心里很感动，说："姐姐对朕的心意，朕领了。朕赐姐姐千金以表谢意。望姐姐不要谦让。"平阳公主善解人意地叩谢皇恩。

　　武帝打算起驾回宫了，这时平阳公主才注意到，一直没有看到卫子夫，急差人去寻。原来，卫子夫被武帝恩宠后，一直躲在换衣车内，羞得不敢见人。听到平阳公主唤她，硬着头皮走下了换衣车，低垂着眼，不敢斜眼旁顾。平阳公主见子夫娇羞的样子，小声对武帝说："这模样！别说皇上爱她，姐姐是个女人也爱之不舍呢！"武帝笑意弥漫地看着子夫走了过来。子夫叩拜了武帝，她不经意间斜了一眼武帝，武帝仍是直勾勾地看着她，孩童似的，顽皮地嬉笑着，她突然想到了换衣车里的事，羞得连耳朵都呼呼地发热，不由自主地用手捂住了脸颊。平阳公主见状，咯咯地笑着，拉了子夫坐下，问道："皇上要带你回宫，你可愿意？"子夫低垂着双眼，柔声道："子夫全由姐姐做主。"平阳公主道："好个甜嘴儿，连姐姐都叫上了？看来这回皇上还真得把你带走了！"子夫羞得把头垂得更低了。平阳公主送武帝到侯府门外，边走边叮咛子夫："好妹妹，入了宫要努力！好好侍奉皇上，将来尊贵了，可别忘了我这个姐姐哟！"

　　刚出侯府，武帝就被一个牵马的小伙子吸引了，只见那小伙子身材高大，模样英俊，眉宇间充满了阳刚之气。武帝想：好个将才！他问平阳公主："那牵马的人，可是姐姐府上的？"平阳公主循眼看去，是卫青！平阳公主招手示意卫青，卫青步伐矫健地走到了武帝跟前，平阳公主道："卫青，快来拜见皇上。"卫青施礼道："奴才卫青叩见皇上。"武帝道："姐姐真是了不得，一个骑奴竟这样气度不凡？平身吧，平身！"平阳公主对武帝说："这是卫子夫的弟弟。"又对卫青说："皇上要带你姐姐入宫。"卫青再次叩谢："谢皇上恩典！谢公主恩典！"武帝喜叹道："难怪，同源血脉啊！姐姐，就让他们姐弟一同随朕入宫吧！"平阳公主笑语："皇上还真不客气，果真是看上什么带走什么了！"

　　卫青，字仲卿，是卫子夫同母异父的弟弟。卫青的父亲叫郑季，是县上的小吏，在平阳侯家供事时，曾与平阳侯府的家奴卫媪通奸，生了卫青。郑季早有家室，所以无心对卫青尽抚养义务，卫媪一个女人家要供养四个孩子，日子实在是没法过。被逼无奈，卫媪只得忍痛把卫青送回了郑家。谁料郑季的妻子是个刻薄凶狠的女人，卫青一进郑家便成了她的眼中钉，不但把卫青当奴隶一样使唤，还经常虐待卫青。在这样的恶劣环境下，卫青自小便养成了隐忍、吃苦的性格。一次，卫青去牧羊，碰到了一位相士，相士对他说："你命中主贵，当拜侯，受将军印。"卫青笑了笑说："我是一个私生子，整日过着家奴的生活，能不挨他人打骂就心满意足了，怎敢妄想封侯拜将呢！"相士正色道："贵人千万不可自暴自弃，延误大好前程。"

　　平阳侯府中，是英主识得英雄，还是英雄巧遇英主？是英主造就了大将军卫青、骠骑将军霍去病，还是卫青、霍去病成就了武帝对匈奴的用兵？不管如何，结识卫氏姐弟，是武帝韬光养晦时期的收获之一。

　　武帝带回卫子夫的事，很快被许昌、庄青翟禀报给了窦姬。找个女人，这种事对于皇帝来说能叫"事"吗？真正让她担心的事不是这些个琐事，但她又不能扫了许昌、庄青翟的兴，她"嗯"了一声，回道："皇上只去了平阳侯府？见了什么人没有？"当回答是否定时，她轻点了一下头，又问："皇上今儿个干什么去了？仍旧和那帮人狩猎去了？""嗯，盯着点儿。"

　　精明的武帝借狩猎之名，聚集天下的文武英才，他狩猎的队伍，在窦姬的眼皮底下，正悄悄地发生着变化……

　　这天狩猎，韩嫣扎了一个草人，上写匈奴单于。他骑着马，对着草人，一会儿拉弓射箭，一会儿挥刀砍杀。看着韩嫣煞有介事的样子，太仆公孙贺建议武帝："匈奴人贪得无厌，我朝与之开战是早晚的事，臣以为，皇上可借狩猎之名，征兵买马，操练军队，以备缓急。"在马背上的韩嫣，听到公孙贺的话，翻身跳下马背，对武帝说："皇上不如把秦时的上林苑重新修复，名为狩猎场，实为演练场。"公孙贺说："主意倒不错，只是这方圆几百里的终南山养活了多少百姓啊！如果它成了皇家猎场，那该有多少百姓饿肚子啊！"是啊，怎么办呢？武帝即刻召开了"朝会"，大伙七嘴八舌的，众口不一。主张建苑的是韩嫣等人，极力反对的是东方朔等人。

武帝为了用宣传舆论控制思想，有意结交了一帮文人学者，东方朔就是其中之一。

东方朔，字曼倩。武帝即位之始，征召贤良，东方朔上书武帝，曰："臣朔少失父母，长兄养嫂。年十二学书，三冬文史足用；十五学击剑，十六学《诗》《书》，诵二十二万言；十九学孙武兵法，战阵之具，钲鼓之教，亦诵二十二万言。凡臣固已诵四十四万言。又常服子路之言。臣朔年二十八，长九尺三寸，目若悬珠，齿若编贝，勇若孟贲，捷若庆忌，廉若鲍叔，信若尾生。若此，可以为天子大臣。臣朔昧死再拜以闻。"

武帝当时看完东方朔的奏折，"噗"地一下笑了："这是'人'吗？还没有人敢在皇上面前如此的文辞不逊，自吹自擂呢！狂人！狂人！朕喜欢！"武帝哈哈大笑了起来，令东方朔待诏公车。这东方朔兴致勃勃地来到了长安，原想由此便可以宏图大展了，谁知这待诏公车，一等就是大半年，连皇上是什么模样都不知道。整天像个活死人一样，无所事事，每月就凭公车署发的那袋米及二百四十钱勉强糊口。他感到自己的报国志向及满腔热忱，受到了亵渎。有着强烈自尊心的东方朔，几次都欲一走了之："这样的皇上不见也罢。"但一想到哥嫂的企盼，乡邻的嘱托，自己的抱负，实在不甘心就这么无声无息地从长安城消失。

一天，正在睡觉的东方朔被叽叽喳喳的吵闹声惊醒了。起身一看，是朝廷供养着的一群侏儒，东方朔立刻气不打一处来，我一堂堂男儿，儒雅之士，竟与此等侏儒同处一院，同领一袋米、二百四十钱？东方朔眼珠一转，计上心头。

东方朔对着戏笑玩耍的侏儒们："喂——你们死到临头了，还有心思说笑？"侏儒们怔了一下，疑惑地问："先生这话从何说起？"东方朔说："你们除了吃喝玩乐，还能干什么？既不能耕田种地，也不能为官治民，更不能从军报国。就你们这种形象，除了有损大汉朝国威外，于国于民何用？朝廷还得白白供你们吃喝穿用，所以，皇上才从全国各地把你们这种人集中到京城来，统统杀掉。"侏儒们听东方朔一说，立即号啕大哭起来，一个个死磨烂缠地围着东方朔，央求东方朔想想办法，救救他们。东方朔说："好吧，好吧！我东方朔平生最见不得可怜人。这样吧！你们守在宫门口，等皇上回宫的时候，你们就围上去，叩头请罪。"

信以为真的侏儒们对东方朔千恩万谢，第二天便早早地守候在宫门口。他们一连守了好几天，终于看到了狩猎回宫的武帝。侏儒们一哄而上，扑扑腾腾，拦驾跪在了地上，任护卫们怎样吆喝就是不起，仔细问来，才知道缘由。武帝终于想起了这位"目若悬珠，齿若编贝，勇若孟贲，捷若庆忌，廉若鲍叔，信若尾生"的东方先生来。武帝心想："这东方朔不只会吹牛，还诡计多端呢！"武帝立即宣东方朔进宫面圣。东方朔的小聪明得逞了，他终于有机会见到了武帝。武帝问东方朔："你天天白吃朝廷的俸禄，竟造谣言恐吓侏儒，为什么？"东方朔道："臣生也要说，臣死也要说。那些侏儒身高不满三尺，每月向朝廷领取一袋米、二百四十钱，而臣身高九尺，每月也是向朝廷领取一袋米、二百四十钱。那些侏儒每天撑得要死，而臣每天却饥得要命。臣听说皇上圣明，满心欢喜地来到长安，为的是报效朝廷，可待诏公车几个月无所事事，故而略施伎俩，冒死以求见皇上，为的是向皇上表明心迹。皇上认为臣有用则用，无用则放臣归家，臣不愿在此白拿朝廷的俸禄。"听完东方朔的话，武帝大笑，命待诏金马门。金马门位于未央宫内，如此一来，东方朔便有了见武帝的机会。

入夏，武帝念及众卿多日伴驾狩猎之功，赐肉与诸卿。众人聚集在赐恩室等待领赏，可正午也没见个人影。众人等得心急火燎，可又不便擅自离去。东方朔对众人说："天气炎热，皇上所赐宜尽早分割，朔自请受赐。"说毕，剑挥肉下。然后，东方朔在众目睽睽的惊愕中，拎着肉扬长而去。火冒三丈的大官丞，向武帝告了御状。武帝闻奏，也觉得东方朔过于放肆，就召来了东方朔。武帝问："朕昨日所赐之肉，你为何擅自取之？"东方朔跪叩谢罪。武帝说："你起身吧！说说你哪错了？"东方朔又叩拜了一次，然后说："东方朔啊，东方朔！你受赏不待分配，怎么这么无礼啊！你挥剑割肉，怎么这么豪爽啊！你取而不贪，怎么这样廉洁啊！你把赏赐的肉全部给了媳妇吃，怎么这么仁慈啊！"武帝适才见东方朔夸张滑稽的跪拜动作，本来就想笑，现在又听东方朔这样"自我抬举"，忍不住笑了，说："东方朔啊东方朔，你办了错事不自责，反倒自我吹捧起来了。朕念你吹捧有功，再赐你一石酒、一百斤肉，拿回去给你媳妇吧。"

东方朔不仅善为辞赋，而且为人诙谐滑稽幽默，深受武帝宠爱，拜为太中大夫，他所作辞赋《答客难》，为武帝所喜爱。

现在，听武帝说要扩建上林苑，东方朔便直言向武帝提出了反对营造上林苑的三个理由：其一，终南山盛产玉石、金、银、铜、铁、豫章、檀、柘等各种矿植物，这些都是各种手工业的主要原料，百姓们靠它们维持生计。这一带还盛产稻米、梨、栗子、桑、麻和竹子等生活日常用品，土能植姜、芋，水能养鱼、蛙，贫苦人家可以依此以获温饱。所以，丰、镐之间有"天下宝盆"之称，每亩的地价高达一斤黄金。如果皇上把终南山划为上林苑，就等于断绝了百姓从良田池泽里所得的财利，占据了肥沃的土地，朝廷减少了财政收入，百姓中断了农桑生产。其二，营建上林苑，必使荆棘丛生，麋鹿成群，狐兔出入，虎狼为穴，这样必将破坏百姓的坟场，毁坏百姓的家园，从而导致年轻的人思念家乡，年老的人伤心恸哭。其三，扩建上林苑，四周必置墙禁苑，皇上在此骑驰东西，横跨南北，等于进入了没有任何防御的地界，皇上以其珍贵之躯，去冒险追求一时的快乐，臣认为不值。

武帝虽觉东方朔言之有理，但武帝太想有一个备战匈奴人的演练场了。又因近来打猎既糟蹋民田，又旅途辛苦，最终，武帝还是决定扩建上林苑。刚巧到了五日一奉安的日子了，武帝就把群臣建议扩建上林苑的事禀报了窦姬。窦姬正希望能有件真正使武帝感兴趣的事，以吸引武帝的注意力，所以窦姬听罢，想都没想，爽快允诺。武帝担心夜长梦多，即令吾丘寿王、韩嫣负责筹备扩建上林苑的有关事宜。

上林苑，本来是秦朝的一座园林。汉初为了鼓励农耕恢复生产，曾开放苑囿，令民耕种。至武帝时，秦上林苑中的很多地方已成了农民的耕地。所以，要扩建上林苑，首要的问题是"移民"。经考虑，武帝决定把三辅地区属县的荒田分给被侵夺了耕地的农民作赔偿。

不久，吾丘寿王、韩嫣等人就把一个南到宜春、鼎湖（今蓝田县南塬）、御宿（今长安区南）、昆吾（今蓝田县东北），傍终南山而西，至长杨（今周至县东南）、五柞（今周至县东南），北绕黄山（今兴平市马嵬镇北），濒临渭河而东，周围四百多里，内设三十六区，十二苑门，众多离宫、观榭、池囿，集宫殿、园林、大自然为一体的，可容纳千乘万骑兵士演练的上林苑扩建方案，呈给了武帝。

武帝边乐滋滋地欣赏上林苑的规划方案，边口吟著名的《子虚赋》，武帝吟完，意犹未尽，自语道："云梦泽！哪比得上朕的上林苑！"

杨得意一直侍奉在武帝左右，听到几千言的《子虚赋》，武帝竟一气诵完，可见武帝对《子虚赋》的喜爱程度。杨得意问道："皇上所诵可是司马长卿的《子虚赋》？"武帝说："是啊！只可惜朕不知此人现在何处啊！否则，朕一定让他为朕作《上林赋》！怎么，你也知道《子虚赋》？"杨得意道："司马长卿是臣的同乡。蜀地的人对《子虚赋》家喻户晓。"武帝闻言，大喜，急问司马相如现在哪里？

卓文君私奔司马相如

这夜，卓文君春心激荡，不能入眠，终于趁夜悄悄出卓府，夜奔司马相如，这对才子佳人的自由恋爱，被后世传为佳话。

司马相如，是成都人。从小就喜欢读书、击剑，小名叫犬子。因崇拜战国时人蔺相如，便更名为相如。孝景帝时，出资入朝为郎，后来做了武骑常侍，任职不久，相如感觉自己不擅长做此种差使，正在苦恼间，梁孝王刘武入京朝觐来了。跟随梁王而来的齐国人邹阳、淮阴人枚乘等，都是喜好辞赋的文学之士，他们与司马相如一见如故，机缘甚浓。于是，司马相如决意辞官，跟随梁王去了梁国，终日与邹阳、枚乘等儒雅之士，游历山川，抚琴吟赋，惬意之极。《子虚赋》就是司马相如客梁时所作。

梁孝王刘武死后，客居梁国的文人，与所继梁王不甚缘合，便各奔了东西，司马相如也回到了成都老家，然而家徒四壁，无以为业。愁苦之际，想起了好朋友临邛县县令王吉。当相如赴京时，其他的人都是好言好语的，说些祝贺、祝福之类的话，而唯独王吉对司马相如说："长卿仕宦如果不称心陷入困境，可一定要来找我啊！"司马相如想起了王吉的这些话，苦笑着自语道："当初我听了多少送别的话啊！可如今只有王吉的这些话，能救我于水火。"于是，司马相如就投奔了王吉。

王吉见了司马相如欣喜若狂，又听司马相如诉说，同情之余颇感世事难料，他对司马相如好言劝慰了一番。突然计上心来，要想使司马相如抬高身价，谋到好差，必须先……

王吉让司马相如住到了客栈，每天恭恭敬敬地定时去客栈给司马相如请安。起初，司马相如还接待王吉，再往后，司马相如便称病不再接待王吉，只嘱咐下人向王吉表示谢意。王吉不但不生气，而且每天仍旧恭恭敬敬地去请安，不管司马相如见不见。县令对一个看似破落的文弱书生如此恭敬、殷勤，这不免引起了人们强烈的好奇心。不多时，整个临邛县的人，都知晓客栈住了位"贵人"。临邛的富绅商贾们，都想见识和结交这位"贵人"。

临邛县的首富卓王孙，想请司马相如到他府上一坐，便求王吉代为说情，王吉好不容易让司马相如答应了去卓家赴宴。临邛县的所有富绅，卓王孙是请到司马相如的第一人，他觉得荣耀极了，于是，大请宾客，大摆宴席，但到了中午，县令王吉及卓家请来的当地名士都已到齐，唯独不见司马相如，王吉又亲自去客栈迎接司马相如。司马相如至，王吉为司马相如夹菜劝酒恭敬无比，在座的人，见县令尚如此，不免心里高看司马相如而不敢稍有怠慢。酒过数巡，王吉手捧一琴，对司马相如说："我听说，长卿多才多艺，最善抚琴，希望长卿弹奏一曲，好使在座的人饱饱耳福。"司马相如推辞，但终禁不住众

卓文君与司马相如趁夜色离开了临邛县

人相求，勉强为之。

　　这一小插曲，是王吉与司马相如事先商量好的。因为，司马相如听说卓家有一个新寡的女儿，叫卓文君，才貌双全，精通音律，司马相如甚是爱慕，就以弹琴为名，向卓文君表达爱意。

　　卓文君听说父亲今日所请客人，是《子虚赋》的作者，便很想与司马相如见面，可又觉得不妥，只好躲在了房里，从窗户里偷偷看看司马相如长得何许模样。她见司马相如车骑相从，雍容娴雅，很是爱慕。正心绪难耐之时，又听到琴声悠扬，悄悄再看，司马相如正潇洒抚琴，神韵超然。仔细品来，那琴音似在向人表达爱慕之情，初还低低耳语，接下来便热情似火，卓文君直听得心跳过速耳面发热，心里暗暗欢喜。

　　酒宴过后，司马相如以重礼赐卓文君的侍女，希望为之转达自己的爱慕之意。这夜，卓文君思索再三，终于趁夜色悄悄溜出了卓府，夜投司马相如，趁夜色双双离开了临邛县，回到了成都。司马相如与卓文君才子佳人的自由婚配在成都被传为神话，不知有多少青年才俊妒羡不已呢！

　　本来对《子虚赋》就爱之入骨的武帝，听了杨得意绘声绘色地讲完了司马相如与卓文君的传奇爱情，更是急于见到司马相如，立刻诏命司马相如进京。

　　至此，武帝周围已聚拢了严助、朱买臣、吾丘寿王、韩嫣、主父偃、公孙敖、卫青、张骞、东方朔、司马相如等一大帮文武英才。

皇祖母归天

汉武帝建元六年（前135年），窦姬这位让武帝爱恨交集的皇祖母终于寿终正寝。大汉盛世太后窦漪房勤苦一生，至七十余岁病逝，全国致哀，武帝为皇祖母举行了隆重的国葬。窦太后是盛世女杰第一人。

过了些日子，闽越攻东瓯，东瓯向朝廷告急，窦姬由于身体不适，命武帝与群臣商议此事，又是主和与主战两种意见水火不容。

武帝想到曾任太尉之职的舅舅田蚡，便召田蚡，问东瓯之事。不料，田蚡也不同意出兵救东瓯："东瓯、闽越都是越人，越人之间常常会为蝇头小利而刀兵相见，今天打、明天好，这已不是什么稀奇的事，皇上大可不必为之劳神。况且那三越属国，一向反复无常，遇难则求救，处安则思变。假如我汉军劳师远涉，劳民伤财，败则有损汉廷威仪，胜则无甚收益，所以自高祖起，长期以来，我朝均未介入越人之间的战争。臣私下认为，皇上可派使节前去调停，但千万不要出兵相救。"在场的严助，听了田蚡的话，反驳道："皇上，臣不同意武安侯的说法。东瓯既然是我汉朝的属国，我汉朝就有义务确保属国的安全，否则，我朝的威严何在？"田蚡说："严大人，长途劳军去到瘴气四伏的蛮荒之地，这仗究竟有几分取胜的把握？假如败北，我朝之威严何在？就连秦朝人都知道放弃的地方，我们何必硬要去冒险呢？"

严助诘问田蚡："秦朝人？秦朝人放弃的何止是一个越国，他们连咸阳都放弃了，难道我朝也要放弃长安吗？现在，小国遇到了困难而特来告急，如果我们胆怯退缩而置他们的生死于不顾，那我们凭什么去取信于周边的属国，使他们叩首称臣呢？况且，以皇上的英武和我朝的实力，我们完全有能力使圣德覆盖到远方，能为之而不为，有这样的道理吗？"严助的话，说到了武帝心里，武帝说："武安侯不足与谋。"武帝决意救援东瓯。但怎么个救法呢？兵权尚掌握在太皇太后手中，没有虎符如何发兵呢？要发兵，就必过太皇太后这一关，这步棋是万万走不通的。冥思苦想间，武帝眉头一展，计上心来。

武帝急忙来到了长乐宫，向窦姬禀报了朝臣们对东瓯之事的分歧意见。最后，武帝对窦姬说："奶奶，孙儿以为，孙儿刚即大位不久，不宜大兴兵戎之事，东瓯之事，还是先派一使节前去调停。若不战却能屈人之兵，这是最好的结果，若不行，可再作商议。奶奶觉得怎么样？"窦姬边听边点头："嗯！这办法不错！"于是，武帝立刻派严助为使节去会稽，带着皇上的诏谕及节杖，密调会稽郡的守军去救援东瓯。

严助日夜兼程赶到了会稽，得知东瓯情况已十分危急。东瓯军队抵挡不住闽越军队的猛烈攻击，主力军队已被闽越军队打得七零八落。东瓯王驺摇，带领东瓯城守军，坚守在东瓯城内，已被闽越人围困了多天，城破是早晚的事。严助立刻向会稽郡守表明了来意，欲调会稽的军队去救东瓯。会稽郡太守，以不见虎符为由，拒不出兵。严助拿出了武帝的诏谕令会稽司马准备军需、船只等。谁想那司马见严助手中无调兵虎符，又仗着有太守撑腰，根本就没按严助的命令去做。两天过去了，司马仍无任何回音。当严助问及此事时，司马推三阻四地故意搪塞。严助想，再不能这么拖延时间了，等东瓯城破，再去援兵又有何意义呢？严助决定杀一儆百。于是，严助再次重申了武帝的诏谕，以抗旨罪为由，杀了会稽司马。至此，会稽太守才同意发兵，从海上去救东瓯。围困东瓯的闽越人，听说朝廷的军队不日即可从海上抵达东瓯，便急忙从东瓯撤了兵。

当严助调兵成功，东瓯大捷的消息传到朝廷时，武帝高兴得一拍御案："大胆的严助！你竟敢违抗太皇太后的懿旨！"东瓯的捷报，是"壬寅年政变"以来最让武帝兴奋的一件事，也是武帝登基以来，取得的第一次军事胜利。这次以违制而取得的胜利，武帝意外地没有受到来自窦姬的任何指责。东瓯的胜利，对韬光养晦的武帝来说意义非凡，它表明政治势力处于弱势的武帝在与太皇太后窦姬的较量中，第一次打了个平手，从此，渐渐脱离了窦姬的控制。

东瓯之事，虽然武帝偷梁换柱，以智调兵成功，但毕竟走的是险棋，武帝更加觉得兵权之重要了，他决心建立一支属于自己的军队，以适应中央集权制的需要。武帝把自己的想法告知了母后。武帝说："依我朝的军制，兵力多分散在郡国中，京城之中却无重兵，只有不足二万兵力的南北二军守卫着京城，一旦有变，仅靠南北两军怎么行呢？所以，皇儿想建立一支新军，一支只忠实于皇儿的新军！"王太后见皇上已变得如此的深思熟虑，欣慰之情溢于言表："皇儿所虑极是，但皇儿要首先征得太皇太后的许可。皇儿可以护驾狩猎为名，说与太皇太后。"得了母后的指点，武帝来到了长乐宫，兴冲冲地与窦姬说着打猎的事，直听得窦姬心惊肉跳。窦姬问："皇上狩猎时曾赤搏黑熊？"武帝说："孙儿不孝，孙儿让奶奶担心了。那次是个意外，孙儿正追逐一只受伤的兔子，冷不防斜刺里冒出来了一只黑熊来，孙儿只好拔剑力搏了。"窦姬又说："玩归玩，可也得小心啊！再狩猎的时候多带些个随从。"武帝一喜，趁机说："还有一件事怕奶奶担心，一直没敢告诉您。有一次，晚间投宿的时候，被一群歹徒围住了，不过还好，托祖宗的福，有惊无险。孙儿正想与奶奶说这件事呢！孙儿想在民间征召一些勇士，陪孙儿狩猎，一来好让奶奶放心，二来万一遇到缓急，也好充实南北二军，以卫皇宫。不知奶奶同意不同意？"毕竟是自己的亲孙子，窦姬也实在不愿意再经历一次白发人送黑发人的伤痛。既然要让孙子玩，就索性让他玩得开心，玩得过瘾，玩得平平安安。于是，窦姬爽快地答应了武帝建一支千余人的随从军。

武帝于建元三年（前138年）下诏，征集北地、天水、安定、上郡、西河等六郡，身体健壮又善于骑射的农家子弟千余人，组建了一支小而精的新军，名曰"期门"。期门军的组建，表明武帝已在暗暗地重新加强了对权力的控制，这支小而精的期门军，拉开了武帝更改军制的帷幕。千军易得，一将难求，这支千余人的期门军，武帝把他看作是未来组建千军万马的火种。

建元六年（前135年），窦姬这位让武帝爱恨交集的祖母，终于寿终正寝。蛰伏、隐忍的汉武帝，终于重新掌控了朝政，罢免了丞相许昌、御史大夫庄青翟等"窦氏"党人，任命田蚡为相，开始了有为政治，真正踏上了"汉武朝代"的征程。

大汉盛世太后窦漪房勤苦一生，至七十余岁病逝，全国致哀，武帝为皇祖母举行了隆重的国葬。窦太后是盛世女杰第一人。

再版后记

　　我主编的《大汉天娇窦太后》在 2007 年 1 月出版，2009 年重印一次，出版后受到不少读者关注。有鼓励的，有提意见的，也有不少读者要求邮购，所以，我受出版社委托对该书修订再版，以应读者之需。这次再版，书名改为《美丽与哀愁：窦漪房》，整个内容也作了大的修改。这次修订再版主编是李古寅、李凤花；副主编是金雅茹、徐曼华；编委是李凤花、金雅茹、徐曼华；插图李长松。

　　路漫漫其修远兮，吾将上下而求索。知我者谓我心忧，不知我者谓我何求。知人者智，自知者明。我致力于古籍整理、古文献开发、传统文化和中国古代思想史研究有年，虽然竭忠尽职，但真正满意的成果不多。现在，全社会焦躁轻浮，急功近利，投机取巧者众，踏实苦干者寡，能静心写书的有几人？能坐下来读书的又有几人？我虽然老迈愚钝，但当悬鞭自警，以不负读者厚望。本次再版，曾得到中国言实出版社张志华主任、商丘师院图书馆贾光主任的不少帮助，谨致谢忱。

李古寅　谨识

2015 年 5 月 29 日于郑州

（止）